CCF优博丛书

大数据相似查询关键技术研究

Key Techniques for
Similarity-based Big Data Query Processing

孙佶————著

本书首先介绍了相似查询问题的现实应用和价值，以及面临的技术挑战；然后提出一个相似查询系统，并且介绍了高效相似查询索引、相似查询代价估算及人在回路实体相似匹配的核心技术和创新思考。本书提供了丰富的实验数据和结果，分析了各种技术的优劣，也为实际产品的技术选型提供了重要参考。

本书从专业的视角介绍了针对海量数据相似查询检索的系统性的重要研究成果，相关成果均被领域顶级会议、期刊收录，可以作为数据科学领域学者、研究员、学生及相关从业人员的参考书籍。

图书在版编目（CIP）数据

大数据相似查询关键技术研究/孙偌著 .—北京：机械工业出版社，2023.3（2024.4重印）
（CCF 优博丛书）
ISBN 978-7-111-72733-0

Ⅰ.①大… Ⅱ.①孙… Ⅲ.①信息检索-研究 Ⅳ.①G254.9

中国国家版本馆 CIP 数据核字（2023）第 040034 号

机械工业出版社（北京市百万庄大街22号　邮政编码100037）
策划编辑：戴文杰　　　　　　　责任编辑：游　静
责任校对：潘　蕊　李　婷　　　封面设计：鞠　杨
责任印制：常天培
北京机工印刷厂有限公司印刷
2024 年 4 月第 1 版第 2 次印刷
148mm×210mm・7.625 印张・144 千字
标准书号：ISBN 978-7-111-72733-0
定价：49.00 元

电话服务　　　　　　　　网络服务
客服电话：010-88361066　　机　工　官　网：www.cmpbook.com
　　　　　010-88379833　　机　工　官　博：weibo.com/cmp1952
　　　　　010-68326294　　金　书　网：www.golden-book.com
封底无防伪标均为盗版　　　机工教育服务网：www.cmpedu.com

CCF 优博丛书编委会

主　任　赵沁平
委　员　（按姓氏拼音排序）
　　　　　陈文光　陈熙霖　胡事民
　　　　　金　海　李宣东　马华东

丛 书 序

博士研究生教育是教育的最高层级，是一个国家高层次人才培养的主渠道。博士学位论文是青年学子在其人生求学阶段，经历"昨夜西风凋碧树，独上高楼，望尽天涯路"和"衣带渐宽终不悔，为伊消得人憔悴"之后的学术巅峰之作。因此，一般来说，博士学位论文都在其所研究的学术前沿点上有所创新、有所突破，为拓展人类的认知和知识边界做出了贡献。博士学位论文应该是同行学术研究者的必读文献。

为推动我国计算机领域的科技进步，激励计算机学科博士研究生潜心钻研，务实创新，解决计算机科学技术中的难点问题，表彰做出优秀成果的青年学者，培育计算机领域的顶级创新人才，中国计算机学会（CCF）于2006年决定设立"中国计算机学会优秀博士学位论文奖"，每年评选不超过10篇计算机学科优秀博士学位论文。截至2021年已有145位青年学者获得该奖。他们走上工作岗位以后均做出了显著的科技或产业贡献，有的获国家科技大奖，有的获评国际高被引学者，有的研发出高端产品，大都成为计算机领域国内国际知名学者、一方学术带头人或有影响力的企业家。

博士学位论文的整体质量体现了一个国家相关领域的科技发展程度和高等教育水平。为了更好地展示我国计算机学科博士生教育取得的成效，推广博士生科研成果，加强高端学术交流，中国计算机学会于2020年委托机械工业出版社有限公司以"CCF优博丛书"的形式，陆续选择2006年至今及以后的部分优秀博士学位论文全文出版，并以此庆祝中国计算机学会建会60周年。这是中国计算机学会又一引人瞩目的创举，也是一项令人称道的善举。

希望我国计算机领域的广大研究生向该丛书的学长作者们学习，树立献身科学的理想和信念，塑造"六经责我开生面"的精神气度，砥砺探索，锐意创新，不断摘取科学技术明珠，为国家做出重大科技贡献。

谨此为序。

中国工程院院士
2022年4月30日

推荐序 I

相似性查询是数据管理、信息检索等领域的研究热点之一，其主要驱动力来自文本检索、图片检索以及实体匹配（数据清洗、检索等）等应用的需求。就相似性查询技术来说，一方面，它可以满足对一类条件客体的查询需求（相似性检索），如 TOPK 查询；另一方面，它又是实体同一性判别（同一性检索）的重要手段之一。

《大数据相似查询关键技术研究》介绍了围绕相似查询处理开展的颇有特色的研究工作以及良好的成果。这些成果的主要内容有：实现了一款基于分布式内存的相似查询处理系统 Dima，高效完整地支持了相似查询的四种操作；提出了基于神经网络的相似查询基数估计方法，通过查询分片和数据分片两种策略提高了基数估计准确度并且减少训练集规模；提出了几种用户交互的实体融合问题，并且设计一个问题调度框架，这个框架能够根据每种问题的收益/代价比选择不同种类的问题进行交叉询问来提高实体合并的准确度。该书对上述成果进行了系统的介绍与论述，是一本值得阅读的图书。

该书作为"CCF 优博丛书"出版，给更多本领域的年轻学者、学生以及研究工作者提供了学习以及鉴赏的机会。我相信，读者从论文中不仅能获得相关的技术知识，而且能领略到我们年轻一代学者的学术才华。在此，我衷心地希望更多的年轻学子、学者全心全意投入到科学研究中来，获得更多的高水平科研成果，推动国家在高技术领域快速发展。

李战怀

西北工业大学教授

2022 年 10 月

推荐序 II

数据，作为一种新的生产要素，在社会和经济发展过程中正在发挥越来越大的作用。数据管理系统，作为管理数据的基础设施，其地位已经从原先隐藏在信息系统后端的基础软件转变为贯穿应用和系统平台的"全栈"工具。不同于传统关系数据库管理系统，这些面向"大数据"应用环境的新型数据管理系统，需要管理更大规模的数据，利用分布式的硬件平台，并提供更丰富的数据管理功能。

相似查询是一种重要的查询操作，是结构化数据排序、信息检索乃至多种数据挖掘算法的基础之一，在实体匹配、数据清洗、搜索引擎中有着普遍的应用。提升相似查询的性能，探索相似查询在不同应用中的使用方式对诸多"大数据"应用都具有重要意义。

孙佶博士针对大数据应用环境的相似查询核心技术和应用开展了系统、深入的研究，在分布式相似查询执行与优化、相似查询代价估计、实体融合应用中的相似查询方法等方面取得了一系列创新性的研究成果。《大数据相似查询关键技术研究》这本书系统地梳理、介绍了这些研究结果，总结了他在博士阶段的研究工作，是一本优秀的科技类图书。

无论是对于从事相关领域研究的学者，还是需要利用新的数据科学与工程方法及技术进行应用研究开发的工程技术人员，还是有志于在数据管理系统领域进行深入研究、开始自己学术生涯的青年学生，都有很大的借鉴意义。

该书此次作为"CCF 优博丛书"之一出版，可以让更多的读者有机会阅读和学习。相信读者会和我一样，在阅读过程中体会到计算机科学与技术的快速发展、优秀成果的精深奥妙、研究过程的艰苦与取得成果后的乐趣。也希望该书的出版能帮助从事研发工作的读者解决一些他们遇到的学术和技术难题，启发更多高质量研究成果的诞生，并鼓励更多青年学子投身数据管理系统的研究，为社会经济数字化转型和数字经济发展贡献自己的努力和聪明才智。

钱卫宁

华东师范大学教授

2022 年 10 月

导师序

本人主要从事数据库、大数据挖掘与分析、群智计算方面的研究。特此向各位读者推荐"CCF优博丛书"中的《大数据相似查询关键技术研究》，该书内容获得2021年度"CCF优秀博士学位论文奖"。作者孙佶于2016年加入清华大学计算机科学与技术系跟随本人攻读博士学位，他的主要研究方向为智能数据库系统。他于2021年6月博士毕业，加入华为高斯实验室从事数据库系统架构设计和内核优化工作。

大数据相似查询是大数据查询处理中非常重要的问题，是很多重要应用的核心技术，比如相似图片检索、海量多源数据融合、海量数据清洗等。相似查询的优势在于不必像精确查询那样只能找出一模一样的对象实体，而是可以找出所有相近的对象实体，这个特性使得相似查询在现实中更具有应用价值，但是同时相似查询由于需要大量的计算导致了更加严重的性能问题。

《大数据相似查询关键技术研究》中提出了很多创新性的想法，并且将这些想法抽象成算法，实现在一个完整的系统中，提供高于传统方法2~3个数量级的查询处理性能，这是一个很大的提升，跨越了大数据相似查询的性能鸿沟。该书提出的技术都十分直观有效，具有很高的创新性和实用性。

作者研制的大数据相似查询系统可以将性能提升 2~3 个数量级，该系统基于 Spark 内核开发，实现了和现有 SQL 模块的无缝对接，上层能够提供 SQL 和 Dataframe 两种编程接口，下层能够从文件系统和数据库中读取不同的数据，这使得现有的生态构件能够完全兼容相似查询系统，只需要简单的扩展便可以利用相似查询的能力。书中提出的创新可选片段索引则进一步优化了大数据相似查询系统的性能，通过解决分布式负载均衡问题，使得并行同步计算的性能优势得到充分展现。

传统分布式计算系统中的查询优化能力比较薄弱，对于相似查询的执行优化更是空白，作者研制的大数据相似查询的基数估计方法融合了创新的机器学习模型，可以提供准确高效的基数估计，进而作用于查询优化器，显著提升多属性大数据查询效率。该书针对相似实体融合各个环节存在的问题（比如实体匹配不准确、实体数据不一致等），提出了一个自适应问题调度框架，高效引入标注数据帮助代价和收益模型进行自优化，从而实现用尽量小的代价显著提升大数据融合的质量。

作者设计的大数据融合框架可以有效提升大数据融合的质量和效率。书中基于实体相似融合效率低、代价高的痛点及其流程复杂的特点，提出了多任务调度框架。在此基础上针对实体相似融合各个环节的特点精心设计了代价和收益模型，使得框架在保证性能的基础上能够显著提升数据相似融合的准确率。数据融合框架利用了相似查询系统的能力，并且成为了相似查询系统功能的一部分，在工业界得到了应用，兼具创新和实用，非常难得。

作者提出的技术得到了学术界广泛引用，系统代码也已经开源发布，获得了相关领域研究者的广泛关注。作者的研究真正做到了创新与实用兼具，研究成果已经被应用在了异质数据融合、海量文本检索、查询推荐等领域，为相关从业者提供了启发和思路。由于相似查询技术的基础性，书中的研究成果未来还可以被应用于基因工程、交通等和民生息息相关的行业中，具有极高的应用和商业价值。

全书结构清晰、文笔顺畅、内容详实完整、实验内容丰富、图标清楚易懂，详细描述了相似查询系统的架构设计、算法原理、算法实现以及验证结果，是一本值得一读的佳作。

李国良

清华大学计算机科学与技术系教授

2022 年 8 月 22 日

摘 要

传统的数据库针对数据表的查询条件主要包括数值范围查询、点查询及模糊匹配查询，但是这些查询只能支持准确查询。相似查询可以根据指定的相似函数（比如杰卡德相似度）查询数据集中的数据，具体包括基于阈值的查询、Top$K$ 查询两种，其中每种查询又包括相似选择和连接两种常见算子。由于相似查询广泛应用于海量相似文本搜索、相似图片搜索、结构化实体去重和多源数据融合等领域，因此高效的相似查询是最近国内外研究的重点。针对相似查询的关键技术，本书的主要研究目标和贡献如下：

1）**基于分布式内存索引的相似查询**。本书介绍了一款基于分布式内存的相似查询处理系统 Dima。 Dima 扩展了 SQL 语法来支持四种核心相似查询操作，以便让用户能够调用这些相似查询开展复杂数据分析任务。书中提出负载均衡感知的相似片段分布式索引来避免昂贵的数据传输并且缓解长尾效应，进而提高整体相似查询性能。由于 Spark 是被广泛使用的分布式内存计算系统，因此 Dima 无缝集成在 Spark 内核中。 Dima 是第一个支持对大数据集进行复杂相似查询的成熟分布式内存系统。实验结果表明 Dima 比最新方法的性能高出 1~3 个数量级。

2）**基于神经网络的相似查询基数估计**。传统数据库的查询优化质量很大程度上依赖于查询中间结果基数估计的准确度。在相似查询系统中，基数估计对于复合谓词顺序选择及相似连接顺序选择也是至关重要的。但是，针对相似查询的基数估计无法使用直方图技术，采样技术在高维环境下也会带来较大误差。本书提出使用神经网络来解决相似查询的基数估计，并提出了两种策略来提高基数估计准确度并且减少训练集规模，分别是查询分片和数据分片。实验显示本书提出的方法能够高效学习到高维数据的距离分布并且能够对相似查询进行准确的基数估计。

3）**相似实体融合规则生成**。作为相似查询的重要应用，多源结构化数据中的实体融合技术被学术界广泛研究。实体融合的重要步骤包括实体分块（blocking）、实体匹配（entity matching）与实体合并（entity consolidation），这些步骤依赖于实体对之间的相似度特征及实体分块规则，其中用户的参与是不可缺少的，比如训练实体匹配模型的训练集生成、数据转换规则的确定等。本书设计了几种用户交互的实体融合问题，并且提出了一个问题调度框架，这个框架能够根据每种问题的收益/代价比选择不同种类的问题进行交叉询问来提高实体合并的准确度。

关键词： 相似查询；基数估计；分布式索引；查询优化；代价控制

ABSTRACT

Traditional database can only support accurate queries including range queries, point queries and LIKE predicates. However, there are a surge of demands for similarity queries which search given dataset according to similarity functions (e. g. Jaccard Similarity, Edit Distance and Cosine Similarity). Similarity queries can be classified as threshold-based queries and TopK queries, and each of them includes both select operator and join operator. Similarity queries have been widely used in similar text searching, similar image searching, entity deduplication and data integration. This paper focus on the key techniques of similarity query processing, and contributions are as follows,

Distributed In-memory Similarity Query Processing. Paper proposes a distributed similarity-based query processing system Dima. Dima supports four core similarity-based queries, including threshold-based similarity select, threshold-based similarity join, TopK-based similarity select and TopK-based similarity join. Dima extends SQL so that users can call these similarity-based query interface to conduct complex data analysis. For distributed environment, paper proposes a balance-aware signature-based similarity index to avoid expensive data transmission and long tail effect. Since Spark is one of the most popular distributed system, Dima is seamlessly integrated into Spark core and adopts effective query optimization techniques. To the best of our knowledge, Dima is the first full-fledged distributed in-memory similarity-based query processing system. Experimental results show that Dima outperforms state-of-the-art studies by 1~3 orders of magnitude and has good scalability.

Learned Similarity-based Cardinality Estimation.
Query optimization in traditional database relies on the accuracy of the cardinality estimation on intermediate results. For system supporting complex similarity-based query processing, cardinality estimation is vital to conjunctive predicates order selection and join order selection. However, similarity-based cardinality estimation cannot use histograms, and the sampling method also produces large errors for high-dimensional data. To solve this problem, paper proposes a novel deep learning methods. Naive fully-connected neural network requires a large number of training data, and

the training overhead is very high. Paper proposes two strategies to improve the accuracy of cardinality estimation and reduce the training overhead, including query segmentation and data segmentation. Experiment shows that segment-based learned cardinality estimation can capture distribution of high-dimensional datasets effectively, and produces accurate cardinality estimation.

Similarity-based Rule Generation for Entity Integration. Key phases of entity integration are data blocking and entity matching which rely on similarity features of entity pairs and blocking rules. Another phase is data consolidation, i. e. transforming each record in an entity cluster into a representative form. Throughout the life cycle of data integration, human involvement is indispensable for training set generation, data transformation rule generation, etc. Paper designs interactive data integration questions, and proposes a question scheduling framework which can improves the data consolidation quality by interleaving different questions.

Key words: similarity query; cardinality estimation; distributed index; query optimization; cost controlling

目 录

丛书序
推荐序 I
推荐序 II
导师序
摘要
ABSTRACT
插图索引
表格索引

第 1 章　绪论

1.1　选题背景与研究动机 ………………………………… 1
　　1.1.1　分布式内存相似查询系统 Dima ……………… 5
　　1.1.2　基于神经网络的相似查询基数估计 …………… 7
　　1.1.3　基于相似查询的人在回路数据融合系统 ……… 9
1.2　主要研究内容和贡献 …………………………………… 12
1.3　章节安排 ………………………………………………… 14

第 2 章　分布式内存相似查询系统 Dima

2.1　引言 ……………………………………………………… 16
　　2.1.1　问题定义 ………………………………………… 17

  2.1.2 研究动机 …………………………………………… 18

  2.1.3 相关工作 …………………………………………… 19

2.2 Dima 系统框架 …………………………………………… 21

2.3 Dima 索引设计 …………………………………………… 24

  2.3.1 可选择标签生成 …………………………………… 25

  2.3.2 分布式索引 ………………………………………… 32

2.4 相似选择查询操作 ………………………………………… 36

  2.4.1 查询端标签选择 …………………………………… 38

  2.4.2 考虑负载均衡的标签选择 ………………………… 40

  2.4.3 局部查找 …………………………………………… 43

2.5 基于相似度的连接操作 …………………………………… 44

  2.5.1 索引过程 …………………………………………… 46

  2.5.2 考虑负载均衡的标签选择 ………………………… 47

  2.5.3 查询端 RDD 构建 ………………………………… 52

  2.5.4 本地连接 …………………………………………… 52

2.6 最 K(Top$K$) 选择和连接 ………………………………… 53

  2.6.1 最 K(Top$K$) 选择 ………………………………… 53

  2.6.2 最 K(Top$K$) 连接 ………………………………… 55

2.7 基于代价的查询优化 ……………………………………… 56

  2.7.1 代价估计 …………………………………………… 56

  2.7.2 参数优化 …………………………………………… 57

2.8 针对编辑距离的标签技术 ………………………………… 59

2.9 实验验证 …………………………………………………… 62

2.9.1 实验设置 …………………………………………… 62
2.9.2 评估本章提出的方法 ………………………………… 65
2.9.3 和基线方法的比较 …………………………………… 68
2.9.4 在大数据集上测试 …………………………………… 75
2.9.5 基于编辑距离的实验 ………………………………… 76
2.9.6 针对最 K（Top$K$）查询处理方法的实验 ……… 83
2.9.7 最 K 个相似连接 …………………………………… 85
2.10 本章小结 ……………………………………………………… 88

第3章 基于学习的相似查询基数估计

3.1 引言 ……………………………………………………………… 91
  3.1.1 问题背景 ……………………………………………… 91
  3.1.2 问题挑战 ……………………………………………… 94
  3.1.3 本书的方法 …………………………………………… 94
  3.1.4 相关工作 ……………………………………………… 95
3.2 术语及问题定义 ……………………………………………… 97
3.3 基于学习的相似选择查询基数估计 ……………………… 100
  3.3.1 针对相似选择查询的基本深度学习框架 ……… 100
  3.3.2 查询分片 …………………………………………… 103
  3.3.3 数据分片 …………………………………………… 109
3.4 支持相似连接查询 …………………………………………… 114
3.5 实现细节 ……………………………………………………… 117
  3.5.1 深度神经网络细节 ………………………………… 117

3.5.2　为局部模型中的查询编码网络选择超参数 …… 120
　　　3.5.3　支持数据更新 …………………………………… 123
　　　3.5.4　支持执行计划代价估计 ……………………… 123
　3.6　实验验证 …………………………………………… 125
　　　3.6.1　实验设置 ……………………………………… 125
　　　3.6.2　测试相似查询基数估计 ……………………… 129
　　　3.6.3　相似连接查询基数估计方法 ………………… 141
　3.7　本章小结 …………………………………………… 145

第4章　基于相似查询的数据融合规则生成

　4.1　引言 ………………………………………………… 147
　　　4.1.1　研究背景 ……………………………………… 147
　　　4.1.2　研究动机 ……………………………………… 147
　　　4.1.3　相关工作 ……………………………………… 153
　4.2　整体数据融合 ……………………………………… 154
　　　4.2.1　初步介绍 ……………………………………… 155
　　　4.2.2　用户参与的操作 ……………………………… 157
　　　4.2.3　优化用户参与的代价 ………………………… 163
　　　4.2.4　用户反馈代价模型 …………………………… 167
　4.3　每轮迭代选一个问题 ……………………………… 169
　　　4.3.1　全局收益模型 ………………………………… 170
　　　4.3.2　局部收益模型 ………………………………… 174
　　　4.3.3　选择 k ………………………………………… 178

4.4 每轮迭代选多个问题 ·· 178
    4.4.1 针对 $b=2$ 的问题选择 ································· 179
    4.4.2 针对 $b>2$ 的问题选择 ································· 180
    4.4.3 讨论 b 的选择 ·· 185
4.5 实验验证 ··· 185
    4.5.1 实验设置 ·· 185
    4.5.2 每轮选择一个问题 ····································· 187
    4.5.3 每次迭代多个问题 ····································· 191
    4.5.4 实体聚类质量测试 ····································· 196
4.6 本章小结 ··· 198

第5章　总结与展望

5.1 全书主要研究工作总结 ··· 199
5.2 进一步研究工作与展望 ··· 201

参考文献 ·· 202
致谢 ·· 212
在学期间完成的相关学术成果 ··· 214
丛书跋 ·· 216

插图索引

图 1.1 基于相似查询的应用系统框架 …………… 4
图 2.1 Dima 系统框架 …………… 24
图 2.2 标签示例 …………… 27
图 2.3 索引结构示意 …………… 33
图 2.4 局部索引示例 …………… 35
图 2.5 最优标签选择示例 …………… 42
图 2.6 相似连接工作流程 …………… 46
图 2.7 贪心选择算法示例 …………… 51
图 2.8 变化分区数量 …………… 66
图 2.9 索引大小和构建时间 …………… 67
图 2.10 在数据集 Twitter 上和基线方法比较（选择） … 68
图 2.11 在数据集 Review 上和基线方法比较（选择） … 69
图 2.12 在数据集 Twitter 上和基线方法比较（连接） … 72
图 2.13 在数据集 Review 上和基线方法比较（连接） … 73
图 2.14 在大数据集 ReviewBig(100M) 上的测试 ……… 75
图 2.15 分区数量变化对性能的影响 …………… 76
图 2.16 在数据集 Dbpedia 和 Webtable 上的索引大小以及构建时间 …………… 77
图 2.17 在数据集 Dbpedia 上和基线方法比较（选择）… 78
图 2.18 在数据集 Webtable 上和基线方法比较（选择）… 79

图 2.19　在数据集 Dbpedia 上和基线方法比较（连接）… 81

图 2.20　在数据集 Webtable 上和基线方法比较（连接）… 82

图 2.21　在大数据集 WebtableBig（100M）上的测试…… 83

图 2.22　在数据集 Twitter 上和基线方法比较
（最 K 选择）…………………………………… 84

图 2.23　在数据集 Review 上和基线方法比较
（最 K 选择）…………………………………… 85

图 2.24　在数据集 Twitter 上和基线方法比较
（最 K 连接）…………………………………… 86

图 2.25　在数据集 Review 上和基线方法比较
（最 K 连接）…………………………………… 87

图 2.26　在大数据集 ReviewBig(100M) 上的测试……… 88

图 3.1　基数估计方法概览……………………………… 93

图 3.2　使用基于学习的嵌入表示改进图 3.1(A) …… 101

图 3.3　针对离散距离的从查询片段密度分布到查询密度
分布转换 ……………………………………… 104

图 3.4　查询分片（改进图 3.2 中的 E_1）…………… 106

图 3.5　用于相似选择查询基数估计的全局-局部模型 … 111

图 3.6　针对相似连接查询基数估计的全局-局部模型 … 115

图 3.7　使用 CNN 和查询分片机制的相似查询基数
估计 …………………………………………… 118

图 3.8　使用 Tree-LSTM 进行执行计划代价建模 ……… 124

图 3.9　不同方法的平均绝对百分误差（MAPE）……… 134

图3.10　全局模型遗漏的查询结果比例 ·················· 135

图3.11　不同训练集规模下的误差变化 ·················· 136

图3.12　不同数据片段数量的平均误差变化 ················ 137

图3.13　训练及标注时间 ··························· 139

图3.14　增量训练（GloVe300） ······················ 140

图3.15　不同连接查询集合大小的误差变化 ··············· 144

图3.16　相似连接查询基数估计的平均时延（查询集合大小是200） ···························· 145

图4.1　顺序执行方法（r_i：记录，g_{C_i}：实体聚类 C_i 的"黄金记录"） ······················ 150

图4.2　交叉询问问题 ····························· 151

图4.3　整体数据融合架构 ·························· 163

图4.4　不同预算下的黄金记录准确度（对应的最大问题数量分别是600、600、120） ················ 189

图4.5　不同轮次的运行时间 ························ 192

图4.6　不同的 k ······························· 193

图4.7　相关性对于GR准确度的影响 ·················· 194

图4.8　不同的 b ······························· 195

图4.9　不同预算下的聚类质量（聚类的F1指标） ········ 197

表格索引

表 2.1	符号表	25
表 2.2	数据集	63
表 2.3	参数（默认参数为加粗字体）	65
表 3.1	使用上标的符号	99
表 3.2	数据集	125
表 3.3	实验测试的算法	126
表 3.4	相似查询基数估计测试误差	129
表 3.5	相似查询基数估计测试误差（续表）	131
表 3.6	相似查询基数估计的平均时延（ms）	138
表 3.7	模型大小比较（MB）	138
表 3.8	相似连接基数估计的测试误差（连接查询大小 $\in [50,100)$）	141
表 3.9	相似连接基数估计的测试误差（连接查询大小 $\in [50,100)$）（续表）	142
表 4.1	原始数据表 $\mathbb{D}$	148
表 4.2	数据表 $\mathbb{D}$ 对应的"黄金记录"	148
表 4.3	符号表	155
表 4.4	训练集生成规则验证问题	159
表 4.5	聚类验证问题	161
表 4.6	数据转换规则问题	161
表 4.7	数据集	186

第1章

绪论

1.1 选题背景与研究动机

大数据相似查询指的是根据给定的查询对象（比如文本、图片、实体等），使用指定的相似度函数（比如杰卡德（Jaccard）相似度、余弦相似度等）从海量数据中查找出相似度大于某个阈值 τ 或者最相似的前 K 个同类型对象。相似查询是很多重要应用的核心技术，比如相似图片检索、海量多源数据融合、海量数据清洗等。实体匹配是典型的结构化多源数据融合的重要环节之一，本节利用实体匹配系统的工作流程作为示例来说明相似查询的重要性。

实体匹配目标是从相同或者不同的集合中找出所有匹配的实体，比如从教职工列表中找出指代同一个人的重复实体 r_1 = {Michael Jordan，MIT}，r_2 = {M. Jordan，M. I. T}。最近十年出现了很多实体匹配的系统（比如 Magellan、D-Dupe、DuDe、Tamr 等）[1]。其中，最新的 Magellan 系统[1] 被广泛用于实体匹配的任务中，并且它是一个典型的基于属性相似度规则的实体匹配框架。Magellan 包含三个主要组件：候选实体对生成、候选实体对特征抽取、实体匹配规则生成。

（1）候选实体对生成　大规模实体匹配面临的第一个挑战是数据集规模很大。假设数据中实体数量为 N，如果枚举所有的实体，那么将产生 N^2 条实体对，如此大规模的实体对集合对于后面的实体匹配阶段是不可接受的。因此，实体匹配系统中使用基于属性相似度的简单规则初步筛选出少量（比如1%）可能相似的候选实体对子集合。这些规则包括一些属性上的相似度查询条件，比如"姓名字符串的杰卡德相似度大于0.8，判断为匹配"。由于数据集规模很大，因此利用这些规则找出候选实体对的算法必须是高效准确的，这就需要使用先进的相似查询系统。利用先进的相似查询索引及分布式技术能够在 1 小时之内为上亿规模的数据集找出候选实体对。

（2）候选实体对特征抽取　特征抽取阶段的目标是为候选实体对集合中的每个实体对计算不同属性上的各种不同的相似度值，比如姓名属性的杰卡德相似度、单位属性的编辑相似度等。这个阶段将每个实体对转化成一个由相似度值构成的向量，为后面的实体匹配提供必要特征。由于这一步针对的候选实体对集合经过第一步的过滤之后已经变得比较小，因此依次计算每个实体对是高效可行的。为了给实体匹配提供充分的特征，系统需要根据尽可能多种类的相似度量函数计算出多种相似度指标。

（3）**实体匹配规则生成** 计算出实体对相似度特征之后，系统需要对相似度特征进行验证来决策实体对是否匹配，验证的规则可以通过机器学习方法获得。比如 Magellan 使用了决策树算法，依据训练集中实体对的特征及匹配结果，迭代地根据信息增益最大的原则选择特征的相似度值并且对节点进行划分（比如利用 ID3 算法），直到信息增益小于阈值为止。使用这种方法可以学习到对于训练集中的实体匹配误差最小的匹配规则，决策树可能生成的规则包括"姓名值杰卡德相似度大于 0.8 并且部门值编辑相似度大于 0.9，或者姓名值杰卡德相似度大于 0.9 并且部门值编辑相似度大于 0.8 的实体对判定为匹配"。

生成了规则之后，在数据集发生更新的时候，按照 Magellan 的做法需要重新生成所有的候选实体对集合，然后应用学习到的匹配规则。但是有了高效的相似查询系统（比如本书要介绍的 Dima 系统）的支持，复杂的相似查询规则也可以通过易用的统一编程接口被高效执行。

整体上，基于相似查询的应用系统框架如图 1.1 所示。其中，①Dima 分布式内存相似查询系统对上层提供 SQL 语句及数据帧（data frame）编程接口，并且可以从多源数据（比如结构化文本、关系数据库、网页等）中读取数据集以供查询；②相似度规则生成模块会根据不同的上层应用及输入向量的特点使用机器学习或者人机交互的方式生成相应的相似度规则,使得上层应用能够利用相似查询获得结果;③相似特征抽取模块负责定义不同类型数据的相似特征,比如字符串使用杰卡德相似度或者编辑距离,图片和单词使用嵌入编码的余弦相似度;④实体融合系统利用相似规则查询到的结果进行实体匹配与合并;⑤其他相似检索系统包括商品检索、图片检索、文本检索等也可以基于本书提出的技术完成。针对这个框架,本书主要研究三个关键技术:分布式内存相似查询、相似查询基数估计及人在回路数据融合系统整体优化。这三个关键技术分别解决大规模相似查询效率低、多列多表相似查询执行路径选择错误,以及数据融合相似规则生成代价高的问题。

图 1.1 基于相似查询的应用系统框架

1.1.1 分布式内存相似查询系统 Dima

由于相似查询处理代价非常高，因此传统数据库无法提供如此昂贵的功能[2-3]。最近一些高效的针对相似查询的串行算法[4-12]及基于 Hadoop 平台的并行算法[13-14]已经被提出用来提升相似查询的效率。可是它们依然存在一些严重的问题。首先，它们不是成熟完善的相似查询系统，它们只能支持简单的相似查询（比如从集合中查询根据单一相似度指标匹配的元素），无法支持复杂相似查询分析（比如基于 SQL 的多表多列相似查询），并且它们也缺少有效的针对复合相似查询谓词的优化技术。其次，串行算法无法支持面向大规模数据的相似查询任务。最后，现有的并行算法会带来严重的负载不均衡的问题。

为了解决这些问题，本书介绍了一种分布式内存系统 Dima 来支持基于 SQL 的相似查询处理。具体而言，Dima 主要支持四种核心相似查询操作，比如基于阈值的相似选择操作、基于阈值的相似连接操作、Top$K$ 相似选择操作、Top$K$ 相似连接操作。基于阈值的相似选择通过容忍一些误差扩展了传统的准确选择操作（点查询、范围查询），以便能够查找相似的结果。基于阈值的相似连接也通过容忍一些记录之间的差别扩展了传统的准确连接操作，以便找出两个集合中相似的记录对。Top$K$ 选择（或 Top$K$ 连接）可以计算出最相似的 k 条记录（或记录对）。

分布式相似查询的最大挑战之一是避免大量数据传输导致的性能下降。一种有效的解决方案是将数据智能分配到不同的计算节点上，使得结果只需要在每个节点上单独计算即可获得，从而避免了跨节点的洗牌（shuffle）操作。为了实现这个目标，本书提出了高效的标签计算方法，使得两条记录只有在具有相同标签的情况下才有可能相似。基于这种标签，本书构建了全局索引和局部索引来高效支持相似操作，同时避免节点之间不必要的数据传输。

分布式相似查询的另一个挑战是平衡节点之间的负载压力。为了解决这个问题，本书首次提出了一种考虑负载均衡的标签计算方法，这种算法可以在确保结果正确性和完整性的前提下根据全量数据为每条记录选择合适的标签，使得之后每个计算节点上的负载相对均衡。根据可选择的标签算法的想法和高效索引的设计架构，本书针对各种相似查询设计了不同的高效算法。具体来说，针对相似选择，本书提出动态规划算法来选择最优标签；针对相似连接，本书首先证明了找到最优标签是一个非多项式时间内能够解决（NP难）的问题，然后提出了一个贪心算法来为每条记录选择高质量的标签；对于 Top$K$ 选择和连接操作，本书提出一种渐进式选择标签的方法来避免在相似度阈值未知的情况下生成所有的标签而带来的额外代价。

1.1.2 基于神经网络的相似查询基数估计

查询优化器是数据库管理系统（Database Management System，DBMS）的重要组件，它主要负责为输入的 SQL 查询制定高效的执行路径（执行计划），一个好执行计划的效率可能会比差的执行计划高 1~3 个数量级。最近的研究[15]在真实数据集上的查询优化实验显示，目前成熟的关系数据库查询优化依然会生成很差的执行计划，而且基数估计不准确是导致查询优化质量低的主要原因之一。传统数据库查询基数估计主要依赖直方图和采样技术，但是单列直方图方法的独立性假设（assumption of independence）以及采样方法的采样稀疏性都会导致多维属性条件基数估计误差很大。最近学术界有很多利用机器学习模型对数据的联合分布进行建模，然后进行基数估计的论文[16-17]，使基数估计在准确度上得到了很大的提升。

和传统精确查询类似，多维属性相似查询也需要一个有效的查询优化器选择一个最优的执行计划。考虑如下两个示例：①假设在单表上有条件 Jaccard（Name）>0.8 ∩ Hamming（Department）>0.9 ∩ Edit（ID）>0.9，数据库需要逐列去匹配，每匹配一列都会过滤部分行，如果先执行选择率低的相似度条件过滤，那么整体的执行代价会显著降低；②在多表相似连接查询 Publication ⋈ Author ⋈ Institute 中，假设有条件 Jaccard（Publication.author，Author.name）>0.8 ∩ Edit（Author.affiliation，Institute.name）>0.7，数据需要选择一个产生中间最小的连接顺序。在这两个例子中，执行计划的生成质量都依赖于准确高效的相似基数估计技术，但是相似查询的基数估计比传统查询基数估计面临更多的挑战。

（1）**维度高** 由于参与相似查询的数据通常是高维的集合或者向量，而传统的查询只涉及单个数字或者类别数据。维度高容易导致数据空间稀疏，进而产生"维度灾难"，使得通过少量采样进行基数估计的方法不准确，而使用大量采样又会导致基数估计效率低下。

（2）**使用相对距离** 相似度查询的结果基数等于数据集合中与查询相似的记录行数。不同于传统范围查询或者点查询可以利用直方图估计基数，在相似度查询中，针对不同的查询，数据集合中的相似度大小会发生变化，因此无法根据相似度对数据进行排序，从而无法构建关于距离分布的直方图。

面对这些挑战，本书提出一种基于神经网络的相似查询基数估计器。传统的查询可以将多列联合分布因式分解成多个条件概率分布，然后使用神经网络进行拟合[16]，但是相似度查询面对的数据记录维度很高，数据分布稀疏，很难拟合不同维度的联合分布。所以面向相似查询的基数估计器需要的是一个监督式的学习模型，即通过学习一些查询样本的基数，获得整体数据分布的轮廓，然后高效估计新的查询基数。但是众所周知,基于神经网络的监督学习算法通常都需要大量的训练数据,这些训练数据的获得也十分耗时。

本书重点解决基于机器学习的相似查询基数估计**训练样本需求大**的问题,方法是使用多个轻量模型来降低数据维度并且降低数据规模。本书提出首先对数据进行基于距离的数据分片,然后通过基于神经网络的全局索引定位查询结果大于 0 的数据片,最后使用局部回归神经网络模型估计每个数据片中的查询基数并且累加作为最终结果。

1.1.3 基于相似查询的人在回路数据融合系统

作为相似查询的一个重要且非常有挑战性的应用,典型的端到端数据融合系统包括下面几个阶段:①首先获得训练数据构建实体匹配(Entity Matching,EM)模型,然后执行这个模型获得匹配规则并找到匹配的重复记录,接着通过对这些重复记录分组来构建实体聚类;②对这些实体聚类进行纠错;③将同一个实体聚类中的每个属性中的不同值转换成同样的形式;④通过实体合并(Entity Consolidation,EC)将每个实体聚类中的实体规约为一条权威记录(Golden Record,GR,又名"黄金记录"),这条"黄金记录"就是最后的输出。

根据著名的数据融合公司 Tamr 在一百多个真实数据融合项目中的经验,可以观察到如下一些普遍的趋势:

(1)用户的参与贯穿数据融合始终,具体可以分为三种不同任务。

1) **训练集生成规则验证** 不同于通过数据分块（blocking）技术获得的候选实体对，用于代替匹配分类器的训练集中的实体对应该具有更加准确的标签。可是，每次只产生一个实体对是不可行的，训练集可以通过一些用户书写的或者机器生成的规则[18-19]批量产生，比如"如果两家公司地址的杰卡德相似度高于0.9，那么这两家公司表示同一个实体"。为了确保这些规则产生高质量的训练数据，让用户通过检查这些规则产生的一些数据样本来验证训练集生成规则是很有必要的。

2) **实体聚类验证** 执行实体匹配模型之后，每个实体会被分类到不同的实体聚类中。包含不同实体的实体聚类需要用户的验证以便让它们能够快速被纠正。

3) **实体转换规则验证** 每个实体聚类中的实体最终都需要被归约到一个"黄金记录"上。在一个实体聚类中，同样的实体可能被表示为不同的值。一种合并不同值的方式是使用数据转换规则，这些规则从当前的实体聚类产生并且需要被用户验证，比如"CS→Computer Science"。

（2）这三个任务通常是顺序执行的，但是因为这些任务高度相关，所以交替执行它们可以获得显著的收益。比如依次顺序执行实体匹配、实体转换（DT）、实体合并可能会由于数据过于异构而导致实体匹配效果不佳，进而导致实体聚类错误及实体转换错误，最终导致明显的实体合并误差；而先执行一次实体匹配，接着执行一次实体转换，然后再次执行实体匹配，最后执行实体合并可能会带来更高的实体合并质量。

（3）针对大规模数据的融合任务，由于数据融合项目中的代价绝大部分来自用户参与的时间，因此用户的参与过程是必须要被优化的。但是，由于用户参与的方式有很多种，通过彻底检查所有的任务来优化用户参与的代价是不可行的。

为了改进整个过程，本书主要研究针对用户参与的实体匹配与合并代价优化问题，目标是通过交替执行上述的三个任务来优化用户参与的代价。

对于"人在回路"的数据融合问题来说，可以提供很多种类的问题给用户，整体调度这些问题主要面临两个挑战。

1）如何评价问题的收益和代价 量化不同问题的收益非常困难，比如量化生成"黄金记录"的质量。困难的原因包括：无法使用较小的代价提前获得每个问题的答案，并且缺乏正确的"黄金记录"来计算通过提问能够得到的准确度提升。此外，由于不同种类的问题的优化目标不尽相同，导致这些问题也不完全具有可比性。例如，训练集生成规则问题和聚类纠错问题直接针对的是改进实体匹配的质量，而数据转换的问题则聚焦于将不同实体的值转换为统一的形式。并且由于用户回答不同的问题需要不同的时长，因此问题调度框架对问题进行排序的时候需要同时考虑收益和时间代价。

2）**如何选择"高质量"的问题** 估计每个问题的收益和代价已经非常昂贵，由于可选的问题数量十分可观，因此如果枚举出来的所有问题都需要估计收益和代价，那么选出最优问题的过程是极其昂贵的。此外，问题之间还会存在相关关系，那么枚举所有组合的复杂度又会呈指数级增长。

为了高效解决这些挑战，本书首先提出一个实体融合问题调度框架，然后基于这个框架提出计算全局收益和局部收益并且计算收益代价比的方法。

1.2 主要研究内容和贡献

本书主要包括三个工作：分布式内存相似查询系统 Dima、基于神经网络的相似查询基数估计以及人在回路数据融合系统。其中 Dima 系统是其他部分的基础支撑系统，基数估计则进一步解决了 Dima 系统中的查询优化问题。人在回路数据融合系统考虑用户的参与，对实体融合规则生成的整体代价提供优化。具体内容和贡献如下：

1. 分布式内存相似查询系统

本书介绍了一款成熟完善的分布式内存相似查询处理系统 Dima，它为用户提供了基于 SQL 的人机交互接口，并且为上层应用提供了基于数据帧的编程接口。迄今为止，Dima 是第一款能够支持相似 SQL 查询的分布式内存系统。本书还详细介绍了 Dima 系统中的动态可选记录标签计算方法，并且提出一种考虑负载均衡的标签选择框架以便在分布式环境中能够平衡相似查询的负载。针对系统架构和相似查询的特点，本书提出了一种包含全局和局部的混合分布式索引框架，并且基于这种索引框架设计了高效的算法来支持相似选择、相似连接，以及 Top$K$ 选择和连接。除了索引，本书还介绍了系统针对复杂相似 SQL 查询的基于代价的查询优化器，优化器能够进一步提升相似查询处理的效率。Dima 完美地嵌入了 Spark SQL 内核之中并且可以方便地进行使用和测试。在真实数据集上的实验显示 Dima 系统的性能显著优于已有的方法。

2. 基于神经网络的相似查询基数估计

本书介绍一种先进的基于神经网络的相似查询基数估计方法，能够对任意相似查询进行高效准确的估计并且结果具备递增性。首先，本书给出了相似查询基数估计的形式化定义，介绍了针对相似选择基数估计的端到端神经网络模型设计，并且描述了两种优化方法的具体细节，包括查询分片和数据分片。然后本书介绍了如何将模型扩展到针对相似连接（查询是一批向量）的基数估计，具体方法是使用池化技术有效降低基数估计的计算代价。最后，本书介绍了相似查询基数估计器的模型实现细节、超参数调优。真实数据集上的实验显示本书提出的方法在准确度和效率上都要优于已有方法。

3. 基于相似查询的人在回路数据融合系统

本书介绍了一个人在回路的数据融合系统，它通过交叉提问不同种类的用户问题来优化数据融合的质量。传统的数据融合方法无法高效解决训练集规则产生、实体聚类纠错等问题，所以将用户回答问题的过程融合进系统进行整体优化很有必要。本书提出一种基于收益估计和代价模型的问题调度框架，在既定的预算中尽可能地提高数据融合的质量。本书详细介绍了通过构建代价模型来评估用户回答每种问题所花费时间的方法，并且提出全局收益模型（评估每种问题可能带来的提升）、局部收益模型（评估候选问题的潜在价值来缩小全局问题优化搜索的空间）。由于问题之间可能存在的相关性，本书还提出了考虑问题相关性的选择方法并且描述了可能存在的权衡（trade-off）。真实数据集上的实验显示借助于问题调度框架，数据融合系统的性能也获得显著提升。

1.3 章节安排

本书的章节安排如下：第 2 章介绍了分布式内存相似查询系统 Dima，该系统能够支持不同相似度的度量函数（比如杰卡德相似度、编辑距离等），并且支持四种常见的相似查询（包括基于阈值的相似选择和连接、基于最 K 查询的相似选择和连接）。第 3 章提出了一种基于学习的相似查询基数估计技术，使用这种基数可以帮助相似查询系统进行查询执行计划优化。第 4 章介绍了一种基于相似查询的人在回路实体融合系统，该系统搭建在基于相似度的规则之上，并且从整体上优化了规则的产生需要的用户参与代价（比如实体匹配规则、数据转换规则等）。第 5 章总结了全书的主要研究工作，并对未来的工作做出展望。

第 2 章

分布式内存相似查询系统 Dima

本章主要研究分布式环境下的相似查询问题。2.1 节介绍了相似查询的问题定义、研究动机及相关工作；2.2 节介绍 Dima 系统框架；针对技术细节；2.3 节介绍 Dima 索引设计；2.4 节介绍相似选择查询操作；2.5 节介绍基于相似度的连接操作；2.6 节介绍最 K（TopK）选择和连接；作为一个基于 SQL 的系统，2.7 节介绍了系统中基于代价的查询优化技术；2.8 节介绍针对编辑距离的标签技术；2.9 节在真实数据集上对系统进行了实验验证；2.10 节对本章进行了总结。

2.1 引言

相似查询的目标是从数据集中找出相似的记录或者记录对，可能涉及的查询包括相似选择（similarity select）、相似连接（similarity join），以及最 K 查询（Top-K select/join）。对于不同的数据类型和上层应用需求，相似度函数通常可以被分为两类,针对顺序无关集合的相似度量函数及针对顺序有关序列的相似度量函数。其中针对集合的相似函数包括杰卡德相似度、重合(overlap)相似度等。针对序列的相似度函数包括海明(Hamming)相似度、编辑距离(edit distance)等。本节首先形式化定义相似查询的问题,然后介绍本章的研究动机,最后介绍相似查询的相关工作。

2.1.1 问题定义

给定两条记录 r 和 s,相似查询使用一个相似度函数来计算它们的相似度。如前所述,相似度函数有很多,本章内容主要关注杰卡德相似度和编辑距离。针对划分成集合之后的记录 r 和 s,杰卡德相似度定义为 $\text{Jac}(r,s) = \frac{|r \cap s|}{|r \cup s|}$,其中 $r \cap s$ 和 $r \cup s$ 分别是记录 r 和 s 的交集与并集。比如集合 $\{\text{SIGMOD}, 2017, \text{US}\}$ 和 $\{\text{SIGMOD}, 2018, \text{US}\}$ 的杰卡德相似度是 0.5。当且仅当它们的相似度不小于一个阈值时,两条记录是相似的。下文给出基于相似度函数的查询操作的形式化定义。

定义 2.1(相似选择查询):给定一个记录集合 $\mathcal{R}$,一条查询记录 s,一个相似度函数 f 及一个阈值 τ,相似选择问题的目标是从集合中找出所有相似的记录,也就是 $\{r \in \mathcal{R} \mid f(r,s,\tau) = \text{true}\}$。对于杰卡德相似度来说,当且仅当 $\text{Jac}(r,s) \geq \tau$ 时,$f(r,s,\tau) = \text{true}$;对于编辑距离来说,当

且仅当 $\text{ED}(r,s) \leqslant \tau$ 时，$f(r,s,\tau) = \text{true}$。

定义 2.2（TopK 相似选择查询）：给定一个记录集合 $\mathcal{R}$，一条查询记录 s，一个相似度函数 f 以及一个整数 k，TopK 相似选择问题目标是从集合中找出 k 个杰卡德相似度最高（或者编辑距离最小）的记录。

定义 2.3（相似连接查询）：给定两个记录集合 $\mathcal{R}$ 和 $\mathcal{S}$，一个相似度函数 f 及一个阈值 τ，相似连接问题目标是从两个集合中找出所有相似的记录对，也就是 $\{(r \in \mathcal{R}, s \in \mathcal{S}) \mid f(r,s,\tau) = \text{true}\}$。

定义 2.4（TopK 相似连接查询）：给定两个记录集合 $\mathcal{R}$ 和 $\mathcal{S}$，一个相似度函数 f 及一个整数 k，TopK 相似连接问题目标是从两个集合中找出 k 个杰卡德相似度最大（或者编辑距离最小）的记录对。

2.1.2 研究动机

学术界关于相似查询的算法研究有很多[2-14]。大部分研究都提出了利用鸽巢原理进行过滤的倒排索引方法，但是它们存在三个问题。首先，它们的算法依然不够高效，无法支持大规模的数据相似查询。其次，它们的算法直接被用在分布式环境下会导致很严重的负载不均问题，无法充分利用计算资源。最后，它们都只是算法层面的研究，目前还没有专门针对高效相似查询成熟完善的系统（比如，友好的用户接口、完整的功能支持、简单的环境部署及很强的系统扩展性）。所以本章的研究动机包括如下两点：

（1）设计一种高效、高适应性的索引框架，使其对于不同的相似度函数、不同的查询操作，以及不同的计算环境（单机或者分布式）都能够显著提高相似查询的性能。

（2）设计一种算法能够高效无缝地嵌入现在流行的大规模分布式计算框架中，以便利用已有的接口和框架对外提供相似查询服务。利用这种方式搭建的成熟系统很容易与上层应用进行适配，系统的健壮性也有保障。

2.1.3 相关工作

（1）**相似选择**　目前学术界有很多关于相似选择的研究[20-25]。它们大多数都是用一个基于计数的框架，也就是仅当数据记录与查询包含足够的相同元素时，这些记录才有可能是和查询相似的，这些元素包括集合或序列中的值、字符串中的字母、字符串中 q 长度子串等[20-25]。这类方法普遍使用倒排索引来高效计数。

（2）**相似连接**　目前学术界也有很多关于相似连接的研究[4-12]。Jiang 等人[2]对相似连接算法进行了全面的实验。已有的研究通常使用了基于标签的框架，这个框架需要为每条记录生成一个标签，两条记录仅当共享至少一个标签的时候才有可能是相似的。目前存在两种有效的标签生成方法：

基于前缀的标签[4-5,7]和基于片段的标签[26-27]。前者对于每条记录的所有元素进行排序并且选择若干（数量根据记录长度及相似度阈值确定）频度低（过滤性高）的元素作为前缀标签，这样，如果两条记录不包含公共标签，它们也不可能相似。后者则将每条记录划分为不同的片段（片段数量根据记录长度及相似度阈值确定）并且使用片段作为标签。除此之外，还有一些研究[28-31]主要聚焦于针对集合相似查询的近似查询技术，但是它们无法获得准确的相似查询结果，并且它们需要调节额外的参数[4]。本章介绍的工作不同于上述的研究，本章工作聚焦于分布式内存相似查询处理技术的研究。虽然将已有的工作简单推广也可以支持分布式环境下的查询，但是无法解决分布不均的问题，效率也比较低下。

（3）**基于 MapReduce 的相似连接**　目前学术界有一些基于映射归纳（MapReduce）框架的相似连接查询处理的工作[10-11,32-34]。MapReduce 是谷歌公司最先提出的一种处理分布式计算任务的统一框架[14]，它的主要想法是将每条数据按照标签映射到不同计算节点（映射过程），然后在不同节点上进行统计计算，最后统计结果按照标签汇总（归纳过程）。Vernica 等人[11]利用前缀过滤来支持基于集合的相似函数。Metwally 等人[32]提出一种两阶段算法来支持集合、多集合及向量上的相似连接。Afrati 等人[33]优化了映射（map）、归纳（reduce）阶段的通信代价。Kim 等人[35] 使用 MapReduce 框架解决 Top$K$ 相似连接问题。Deng 等人[10] 解决了基于编辑距离函数的相似连接问题。

（4）Spark Spark 是一个针对大数据处理的高容错的分布式内存计算引擎。Spark 为分布式存放的数据提供了一个高效的抽象，称作弹性分布式数据集（Resilient Distributed Datasets，RDD）。每个 RDD 是一系列分布在不同节点上的 Java 或者 Python 对象集合。用户可以通过编程函数操作这些 RDD（比如映射、过滤、归纳等）。Spark SQL 使得 Spark 能够支持关系数据查询处理，用户可以通过 SQL 语句与 Spark 内置的数据分析函数进行交互。可是 Spark SQL 不支持基于相似度的查询处理。本章介绍的工作扩展了 Spark SQL 语法来支持相似选择查询及相似连接查询。

2.2 Dima 系统框架

本节主要介绍 Dima 的系统组件及整体框架。Dima 包括应用接口层、相似查询索引层、相似查询优化层及相似查询执行层。所有这些组件都无缝嵌入在 Spark 内核中对外提供相似查询处理的功能。

应用接口层分为两个部分，扩展的 SQL 解析器（simSQL）及扩展的数据帧函数。

（1）查询的 simSQL Dima 通过在原始 SQL 语法中添加

四种操作函数来支持相似选择和连接查询。本节给出 simSQL 的语法定义。

1) 相似选择。用户使用如下 simSQL 查询在表 T 中选择属性 S 和查询 q 中与属性 S 相似的所有记录。对于给定的相似度函数和阈值 τ 有

SELECT * FROM T WHERE $f(T.S,q) \geqslant \tau$

2) Top$K$ 相似选择。用户使用如下 simSQL 查询在表 T 中选择属性 S 和查询 q 中与属性 S 最相似的 k 条记录。对于给定的相似度函数 f 和整数 k 有

SELECT * FROM T WHERE KNN$(f,T.S,q,k)$

3) 相似连接。用户使用如下 simSQL 查询在表 T_1 和 T_2 中选择与 T_1 中属性 S 和 T_2 中属性 R 相似的所有记录对。对于给定的相似度函数 f 和阈值 τ 有

SELECT * FROM T_1 SIMJOIN T_2 ON $f(T_1.S,T_2.R) \geqslant \tau$

4) Top$K$ 相似连接。用户使用如下 simSQL 查询在表 T_1 和 T_2 中选择与 T_1 中属性 S 和 T_2 中属性 R 最相似的 k 个记录对。对于给定的相似度函数 f 和整数 k 有

SELECT * FROM T_1 SIMJOIN T_2 ON KNN$(f,T_1.S,T_2.R,k)$

（2）索引管理的 **simSQL**　用户可以使用如下 simSQL 查询语法在表 T 的属性 S 上创建一个使用基于适应性切片标签机制的索引（包括全局索引和局部索引），这部分内容将会在 2.3.1 节中介绍。

CREATE INDEX SegIndex ON $T.S$ USE SEGINDEX

（3）**数据帧函数**　和 simSQL 类似，本章工作还扩展了 Spark 中数据帧的内置函数。除了 simSQL，用户还可以使用数据帧对象中提供的函数直接进行相似度查询，这种方式便于上层应用（比如实体融合系统）直接利用高效相似查询函数完成自己的任务。

（4）**基于相似的查询处理**　Dima 使用上述基于分片标签的索引来处理相似查询。对于相似选择查询，Dima 使用全局索引过滤掉无关的分片并且将查询发送到相关的分片上。在每个局部分片中，Dima 使用局部索引来计算本地的相似记录。对于相似连接查询，Dima 使用全局索引将可能相似的记录发送到同一个分片中来避免昂贵的数据传输。在每个分片中，Dima 使用局部索引计算本地的相似连接结果。对于 Top$K$ 选择和连接查询，Dima 渐进地计算出最相似的 k 个结果。有关技术细节将在 2.4 节~2.6 节中讨论。

（5）**查询优化**　Dima 扩展了 Spark 中的催化优化器（catalyst optimizer），并且引入了基于代价的优化器（Cost-Based Optimizer，CBO）模块来优化基于相似度的查询。CBO 模块利用全局和局部索引提供的统计信息来优化复杂的 simSQL 查询。Dima 中查询优化的细节将在 2.7 节中介绍。

（6）**Dima 的工作流程**　图 2.1 展示了 Dima 系统框架。Dima 的查询处理工作流程是，对于给定的 simSQL 查询或者数据帧对象，Dima 首先根据 simSQL 解析器或者数据帧中的操作依赖关系图构建一个树模型。然后 Dima 根据催化优化规则构建出逻辑计划。接着，逻辑计划优化器将标准的基于规则的优化器应用到逻辑计划上进行查询重写。基于产生的逻辑计划，Dima 进一步调用基于代价的优化器，以便利用基于标签的索引及统计信息产生一个最高效的物理执行计划。Dima 支持在包括 CSV、JSON 及 Parquet 等格式的多种数据源上进行高效的相似查询操作。

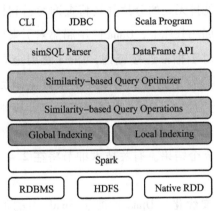

图2.1　Dima 系统框架

2.3　Dima 索引设计

本节提出一种可选择的标签生成机制，这种机制可以同时提供多种可选的标签，系统可以通过精心选择标签来减少处理相似查询时的数据传输和计算代价。本节使用的符号及其描述见表 2.1。

表 2.1 符号表

符号	描述
τ	阈值
η_l	长度 l 记录的分片数量, $\eta_l = \left\lfloor \frac{1-\tau}{\tau} l \right\rfloor + 1$
$\theta_{\|s\|,\|r\|}$	r 和 s 不匹配片段数量上界 $\theta_{\|s\|,\|r\|} = \left\lfloor \frac{1-\tau}{1+\tau}(\|r\|+\|s\|) \right\rfloor + 1$
$iSig^+_{r,i,\|r\|}$	记录 r 的第 i 个索引端片段标签
$iSig^-_{r,i,\|r\|}$	记录 r 的第 i 个索引端容错片段标签
$l^-_{\|s\|}/l^+_{\|s\|}$	相似记录的最小和最大可能长度 $l^-_{\|s\|} = \lceil \tau\|s\| \rceil$; $l^+_{\|s\|} = \left\lfloor \frac{\|s\|}{\tau} \right\rfloor$
$pSig^+_{s,i,l}$	记录 s 针对长度 l 的第 i 个查询端片段标签
$pSig^-_{s,i,l}$	记录 s 针对长度 l 的第 i 个查询端容错片段标签
$\mathcal{F}^+/\mathcal{F}^-$	针对索引端标签的频度表
$\mathcal{L}^+/\mathcal{L}^-$	针对索引端标签的倒排列表
$\mathcal{J}^+/\mathcal{J}^-$	针对查询端标签的倒排列表

2.3.1 可选择标签生成

1. 基本想法

对于给定的数据记录 r 和查询记录 s，Dima 将它们切分成同样大小的片段集合。例如，将它们切分为 $\eta_{\|r\|}$ 个切片，

其中 $|r|$ 是 r 中元素的数量,如何选择 $\eta_{|r|}$ 将在本节之后介绍。切分过程中,不同记录中的同种元素必须被划分到同一个对应的片段中。为此,Dima 维护了一种哈希函数 $\Gamma_{|r|}$ 映射元素 t 到第 i 个分片,也就是 $\Gamma_{|r|}(t)=i$,并且 $1 \leq i \leq \eta_{|r|}$。令 $\text{iSig}^+_{r,i,|r|}$ 和 $\text{pSig}^+_{s,i,|r|}$ 分别代表 r 和 s 的第 i 个片段,如果 $\text{iSig}^+_{r,i,|r|} \neq \text{pSig}^+_{s,i,|r|}$,则可以推测出 r 和 s 至少具有一个不匹配的元素。Dima 将这些片段当作候选标签。值得注意的是,这种标签是非对称的,$\text{iSig}^+_{r,i,|r|}$ 被称作索引端标签,而 $\text{pSig}^+_{s,i,|r|}$ 被称作查询端标签。这些标签的用法将在 2.4 节介绍。

$\eta_{|r|}$ 的数量:如果 $\text{Jac}(r,s) \geq \tau$,那么 $1-\dfrac{|r \cap s|}{|r \cup s|} \leq 1-\tau$,因此 $|r \cup s - r \cap s| \leq |r \cup s|(1-\tau) \leq (1-\tau)\dfrac{|r \cap s|}{\tau} \leq \dfrac{1-\tau}{\tau}|r|$。这意味着对于任意记录 s,如果 s 和 r 是相似的,那么它们最多只能包含 $\left\lfloor \dfrac{1-\tau}{\tau}|r| \right\rfloor$ 个不匹配的元素。所以,如果将记录 r 分割成 $\eta_{|r|} = \left\lfloor \dfrac{1-\tau}{\tau}|r| \right\rfloor + 1$ 个片段,仅当它们至少共享一个同样的片段时,s 和 r 相似。

(1) **基于片段标签过滤** 如果 $\text{iSig}^+_{r,i,|r|} \neq \text{pSig}^+_{s,i,|r|}$,并且 $1 \leq i \leq \eta_{|r|}$,那么 r 和 s 就会包含至少 $\eta_{|r|}$ 个不匹配的元素,所以它们也不可能相似。Dima 利用这种特性来过滤不相

似的记录对。

例如,图2.2展示了针对数据记录 $r_1 = \{a,b,c,d,e\}$ 和查询记录 $s_1 = \{a,b,c,d,e,f\}$ 的示例。假设 $\tau = 0.8$,可以得到 $\eta_{|r_1|} = \left\lfloor \frac{1-0.8}{0.8} \times 5 \right\rfloor + 1 = 2$,所以 r_1 应该被划分成两个片段,假设这两个片段分别是 $\{a,c,e\}$ 和 $\{b,d\}$,s_1 也相应地被划分成两个片段 $\{a,c,e\}$ 和 $\{b,d,f\}$。由于它们共享同一个片段 $\{a,c,e\}$,所以它们可能是相似的。并且由于 r_1 和 s_1 的第二个片段是不同的,因此它们至少有一个不匹配的元素(误差)。

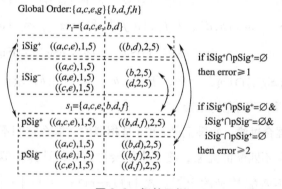

图2.2 标签示例

片段容错:令 $\mathrm{iSig}^-_{r,i,|r|}$($\mathrm{pSig}^-_{s,i,|r|}$)表示片段的容错集合,容错集合中的片段都是通过删除切分出来的原始片段 $\mathrm{iSig}^+_{r,i,|r|}$($\mathrm{pSig}^+_{s,i,|r|}$)中的一个元素而产生的。比如片段 $\{b,d,f\}$ 的容错集合可以表示为 $\{\{b,d\},\{b,f\},\{d,f\}\}$。

（2）**基于容错片段标签过滤** 为了便于说明，本节使用 $\text{iSig}_{r,i,l}^+/\text{pSig}_{s,i,l}^+$ 来表示 $\{\text{iSig}_{r,i,l}^+\}/\{\text{pSig}_{s,i,l}^+\}$。考虑下面两种情况：

1）如果 $\text{pSig}_{s,i,l}^+ \cap \text{iSig}_{r,i,l}^+ = \varnothing$，那么 s 和 r 在第 i 个片段中至少有一个不匹配的元素。

2）如果 $\text{pSig}_{s,i,l}^+ \cap \text{iSig}_{r,i,l}^+ = \varnothing$ & $\text{iSig}_{r,i,l}^+ \cap \text{pSig}_{s,i,l}^- = \varnothing$ & $\text{pSig}_{s,i,l}^+ \cap \text{iSig}_{r,i,l}^- = \varnothing$，那么 r 和 s 在第 i 个片段中包含至少两个不匹配的元素。这是因为如果 r 和 s 只有一个不匹配的元素，则要么有 $\text{pSig}_{s,i,l}^+ \cap \text{iSig}_{r,i,l}^- \neq \varnothing$，要么有 $\text{iSig}_{r,i,l}^+ \cap \text{pSig}_{s,i,l}^- \neq \varnothing$。

例如，对于 $\text{iSig}_{r,i,|r|}^+ = \{b,d,f\}$ 和 $\text{pSig}_{s,i,|r|}^+ = \{b,e,g\}$，有 $\text{iSig}_{r,i,|r|}^- = \{\{b,d\},\{b,f\},\{d,f\}\}$ 和 $\text{pSig}_{s,i,|r|}^- = \{\{b,e\},\{b,g\},\{e,g\}\}$。由于 $\text{pSig}_{s,i,l}^- \cap \text{iSig}_{r,i,l}^+ = \varnothing$ & $\text{pSig}_{s,i,l}^+ \cap \text{iSig}_{r,i,l}^- = \varnothing$ & $\text{pSig}_{s,i,l}^+ \cap \text{iSig}_{r,i,l}^- = \varnothing$，所以 $\{b,d,f\}$ 和 $\{b,e,g\}$ 包含至少两个不匹配的元素。

混合过滤：如果记录 r 和 s 是相似的，那么它们不能包含过多不匹配的元素，接下来将会讨论如何计算相似对允许的不匹配数量的上界。式 $|r\cup s - r\cap s| = |r|+|s| - 2|r\cap s| \leq |r|+|s| - 2\frac{\tau}{1+\tau}(|r|+|s|) = \frac{1-\tau}{1+\tau}(|r|+|s|)$ 可以被证明成立。因此，如果 r 和 s 是相似的，它们最多只能包含 $\frac{1-\tau}{1+\tau}(|r|+|s|)$ 个不匹配的元素。令 $\theta_{|s|,|r|} =$

$\left\lfloor \frac{1-\tau}{1+\tau}(|r|+|s|) \right\rfloor+1$ 表示记录不相似个数的阈值,如果 r 和 s 包含超过 $\theta_{|s|,|r|}$ 个不匹配的元素,那么它们是不可能相似的。所以 $\theta_{|s|,|r|}$ 可以被称作**不相似阈值上界**。

假设 s 包含 x 个片段标签和 y 个容错片段标签,并且使 $x+2y \geqslant \theta_{|s|,|r|}$ 成立。如果在选中的片段和容错片段上没有匹配,那么 r 和 s 至少包含 $\theta_{|s|,|r|}$ 个不匹配的元素,即 r 和 s 不可能相似。因此 Dima 有机会利用这些片段(或者容错片段)来进行混合过滤。2.4 节和 2.5 节将介绍如何为数据记录选择片段和容错片段。

2. 可选择标签生成

本节介绍如何从集合中查找与记录 s 相似的记录。

索引端标签:给定任意记录 r,可以产生两种索引端标签——**索引端片段标签**和**索引端容错片段标签**。

索引端片段标签:假设记录 r 被切分为 $\eta_{|r|}$ 个不重叠的片段 $seg_1, seg_2, \cdots, seg_{\eta_{|r|}}$,$iSig^+_{r,i,|r|}=(seg_i, i, |r|)$ 是一个满足 $1 \leqslant i \leqslant \eta_{|r|}$ 的索引片段。

索引端容错片段:对于每个片段标签 $iSig^+_{r,i,|r|}=(seg_i, i, |r|)$,Dima 生成一个容错片段索引 $iSig^-_{r,i,|r|,j}=(del^j_i, i, |r|)$,其中 del^j_i 是通过删除 seg_i 的第 j 个元素而产生的子集($1 \leqslant j \leqslant |seg_i|$)。令 $iSig^-_{r,i,|r|}=\bigcup_{j=1}^{|seg_i|}\{iSig^-_{r,i,|r|,j}\}$ 表示第 i 个

片段的容错标签集合。

对于每个索引端片段（容错片段）标签，Dima 使用倒排列表来维护所有包含这个标签的记录。

查询端标签：给定一条记录 s，如果它和记录 r 是相似的，那么 s 和 r 的长度差别不能过大。具体而言，s 只可能和长度范围在 $[l^-_{|s|}, l^+_{|s|}]$ 内的记录 r 相似。这个长度下界可以由 $|r| \geq |r \cap s| \geq |r \cup s|\tau \geq |s|\tau$，$l^-_{|s|} = \lceil |s|\tau \rceil$ 计算得出。这个长度的上界可以由 $|r| \leq |r \cup s| \leq \dfrac{|r \cap s|}{\tau} \leq \dfrac{|s|}{\tau}$，$l^+_{|s|} = \lfloor \dfrac{|s|}{\tau} \rfloor$ 计算得出。由于针对不同的查询长度生成的片段也是不同的，因此 Dima 应该针对每种长度 $l \in [l^-_{|s|}, l^+_{|s|}]$ 都生成相应的标签。

针对长度 l 的查询端片段标签：由于长度为 l 的记录被划分为 η_l 个片段，Dima 也将 s 划分为 η_l 个片段 seg_1，seg_2，…，seg_{η_l}（使用相同的全局划分顺序，比如同样的哈希函数 Γ_l）：对于 $i \in [1, \eta_l]$，生成的查询端片段标签形如 $\text{pSig}^+_{s,i,l} = (\text{seg}_i, i, l)$。

针对长度 l 的查询端容错片段标签：对于每个查询端片段标签 $\text{pSig}^+_{s,i,l} = (\text{seg}_i, i, l)$，生成的容错片段标签形如 $\text{pSig}^-_{s,i,l,j} = (\text{del}^j_i, i, l)$（其中 del^j_i 是 Sig_i 删除第 j 个元素之后的子集）。这样，就可以获得一个查询端容错片段标签集合

$$\text{pSig}^-_{s,i,l} = \bigcup_{j=1}^{\eta_l} \{\text{pSig}^-_{s,i,l,j}\}。$$

标签选择：Dima 中记录 s 对应的查询端片段（容错片段）标签都是可以选择的。假设为记录 s 选择 x 个查询端片段标签及 y 个查询端容错片段标签使得 $x+2y \geq \theta_{|s|,|r|}$。这样构建出的倒排列表中标签对应的所有记录都是 s 的候选相似记录；其他的记录都包含超过 $\theta_{|s|,|r|}$ 个不匹配的元素，所以是可以被过滤的。

例 2.1：图 2.2 展示了基于数据记录 $r_1 = \{a,b,c,d,e\}$ 和查询记录 $s_1 = \{a,b,c,d,e,f\}$ 的例子。假设 $\tau = 0.8$，那么有 $\eta_{|r_1|} = \lfloor \frac{1-0.8}{0.8} \times 5 \rfloor + 1 = 2$，所以可以将 r_1 划分成两个片段。r_1 的两个索引端片段标签分别是 $\text{iSig}^+_{r_1,1,5} = \{((a,c,e),1,5)\}$ 和 $\text{iSig}^+_{r_1,2,5} = \{((b,d),2,5)\}$。它们的索引端容错片段标签需要通过从它们的索引端片段标签中各删除一个元素来获得，分别为 $\text{iSig}^-_{r_1,1,5} = \{((a,c),1,5),((a,e),1,5),((c,e),1,5)\}$ 和 $\text{iSig}^-_{r_1,2,5} = \{(b,2,5),(d,2,5)\}$。

对于记录 s_1，需要为它生成查询端标签。首先，Dima 获得匹配 s_1 的所有最大和最小可能长度，也就是 $l^+_{|s_1|} = \lfloor \frac{6}{0.8} \rfloor = 7$ 以及 $l^-_{|s_1|} = \lceil 6 \times 0.8 \rceil = 5$。由于 $|r_1| = 5$ 在 $[5,7]$ 范围内，r_1 可以被看作 s_1 的一个候选相似记录。由于 $l = 5$ 并且 $\eta_5 = \lfloor \frac{1-0.8}{0.8} \times 6 \rfloor + 1 = 2$，Dima 为记录 s_1 生成两个查询端片段标签：

$pSig^+_{s_1,1,5} = \{((a,c,e),1,5)\}$，$pSig^+_{s_1,2,5} = \{((b,d,f),2,5)\}$。它们的查询端容错片段标签包括 $pSig^-_{s_1,1,5} = \{((a,c),1,5),((a,e),1,5),((c,e),1,5)\}$，$pSig^-_{s_1,2,5} = \{((b,d),2,5),((b,f),2,5),((d,f),2,5)\}$。通过 $\theta_{|s_1|,|r_1|} = \left\lfloor \frac{1-0.8}{1+0.8} \times (5+6) \right\rfloor + 1 = 2$ 可以计算得出 r_1 和 s_1 最多包含两个不匹配的元素。

如果选择标签的时候忽略第二个片段，那么就可以假设 s_1 和 r_1 的第二个片段是可以匹配的。如果选择 $pSig^+_{s_1,2,5}$ 作为片段标签，那么可以知道两条记录之间至少有一个不匹配的元素存在。如果选择 $pSig^-_{s_1,2,5}$ 作为容错片段标签，则可以知道两条记录之间至少有两个不匹配的元素存在。

2.3.2 分布式索引

对于给定的数据集 $\mathcal{R}$，Dima 首先离线构建了一个全局索引和一个局部索引，然后对于给定的在线查询 s 进行查询端标签选择，接着利用全局索引定位包含这个标签的分片位置，最后将记录 s 发送到相应的分片上。在相应分区上的本地执行器通过本地搜索找出结果，并且发回主节点。接下来将介绍索引的构建方法。图 2.3 展示了这种索引的结构示意。

离线索引构建：不同的查询包含不同的相似度阈值，Dima 中构建的索引要能够支持任意阈值的相似度选择查询。为了

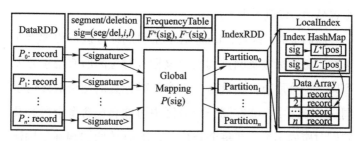

图 2.3 索引结构示意

达到这个目的，Dima 依赖阈值下界来构建索引。例如，杰卡德相似度的阈值下界是系统能够支持的所有查询中的最小相似度，比如默认参数 0.6。利用这个阈值下界，Dima 能够进行索引端片段（容错片段）选择并且构建一个局部索引。除此之外，Dima 还维护着一个保存每个标签出现次数的频度表并且构建了包含所有标签到分片映射关系的全局索引。

频度表：对于每个 RDD $\mathcal{R}_i$ 中的每条记录 $r \in \mathcal{R}_i$，Dima 使用相似度阈值下界计算它的索引端片段数量 $\eta_{|r|}$。然后 Dima 为每条记录 r 产生索引端片段标签集合及索引端容错片段标签集合。对于每个片段标签 g，Dima 收集它的全局出现次数 $\mathcal{F}^+[g]$。同样，对于每个容错片段标签 g'，Dima 也收集它的全局频度 $\mathcal{F}^-[g']$。如果想要维护所有标签的频度，那么频度表会变得非常大。因此，Dima 只在频度表中保存频度大于 2 的标签及其频度。用这种方法，频度表会小到可以

很容易地分发到每个节点。

局部索引：接着，Dima 对于索引端标签进行洗牌操作以便①每个标签及倒排列表中该标签对应的所有记录分发到同一个分片上，也就是让包含同样标签的记录最终位于同一个分区中；②在同一个分区中可能会包含多个标签及它们对应的记录。在每个分片中，Dima 为索引端标签构建了一个索引 RDD $\mathcal{I}^{R_i}$。每个索引 RDD $\mathcal{I}^{R_i}$ 包含若干标签及其对应的记录，索引 RDD 包括两部分，第一部分是用来映射分片标签到两种记录列表的哈希表（列表 $\mathcal{L}^+[g]$ 中保存了索引片段标签中包含 g 的所有记录，而列表 $\mathcal{L}^-[g]$ 中保存了索引端容错标签中包含 g 的所有记录）。Dima 使用 $\mathcal{L}[g]$ 来表示 $\mathcal{L}^+[g] \cup \mathcal{L}^-[g]$。第二部分是 RDD 中的所有的实际记录集合 $\mathcal{D}_i = \bigcup_{g \in \mathcal{I}^{R_i}} \mathcal{L}[g]$。值得注意的是记录被存储在数据列表 $\mathcal{D}_i$ 中，这样 $\mathcal{L}^+[g]$ 和 $\mathcal{L}^-[g]$ 中就只需要保存一个指向数据列表 $\mathcal{D}_i$ 中任意位置的指针列表即可。例如，图 2.4 展示了针对两条记录构建的局部索引。

全局索引：对于每个标签，Dima 维护从标签到对应分片的映射。值得注意的是 Dima 不需要使用哈希表来保存这种映射关系，Dima 只需要维护一个全局函数 $\mathcal{P}$ 就可以把每个标签 g 映射到对应的分片 p 上，可以表示为 $\mathcal{P}(g) = p$。因此，Dima 中的全局索引是很轻量的。

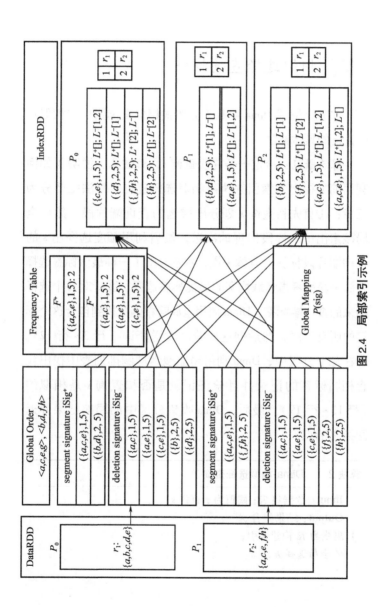

图 2.4 局部索引示例

2.4 相似选择查询操作

本节介绍了 Dima 中基于分布式相似查询索引的相似选择查询的具体算法。

算法概览：给定一条在线查询 s，算法 2.1 说明了如何利用前文提出的索引来执行相似选择查询，算法主要分为三步：①首先将查询 s 划分出候选的查询端片段，然后全局搜索出每个片段出现的次数，最后利用频度选择出 s 的查询端片段标签。具体来说，本章提出了一种最优标签选择方法来获得考虑负载均衡的最优标签选择。②针对每个选择出来的查询端标签，Dima 使用全局哈希函数找到包含这个标签的所有分区，然后向这些分区发送查询（行 3~行 12）。③在每个分区中，Dima 利用局部搜索从倒排列表中找出包含相同标签的记录并且验证记录是否和查询 s 是相似的（行 13~行 19）。最后，Dima 收集分区中的局部结果并返回给主节点。

算法 2.1　Dima-相似选择查询

Input：数据集 $\mathcal{R}$；阈值为 τ 查询 s
Output：结果集合 $\mathcal{A}$
1　离线为 $\mathcal{R}$ 构建索引；
　// 全局选择方法

2   **for** $l \in [l^-_{|s|}, l^+_{|s|}]$ **do**
3         $Z = \text{OptimalSignatureSelection}(s, l)$ **for** each $Z_i \neq 0$ **do**
4   **if** $Z_i = 1$ **then**
5   **for** $g^+ \in \text{pSig}^+_{q,i,l}$ **do**
6                     $\mathcal{P}(g^+).\text{LocalSearch}(s, \tau, \mathcal{L}^+, g^+)$;
7   **if** $Z_i = 2$ **then**
8   **for** $g^- \in \text{pSig}^-_{q,i,l}$ **do**
9                     $\mathcal{P}(g^-).\text{LocalSearch}(s, \tau, \mathcal{L}^+, g^-)$;
10   **for** $g^+ \in \text{pSig}^+_{q,i,l}$ **do**
11                     $\mathcal{P}(g^+).\text{LocalSearch}(s, \tau, \mathcal{L}^+, g^+)$;
12                     $\mathcal{P}(g^+).\text{LocalSearch}(s, \tau, \mathcal{L}^-, g^+)$;

// 局部选择方法
13 **for** g^+ has a $\mathcal{L}^+$ request in local search **do**
14   **for** $r \in \mathcal{L}^+[g^+]$ **do**
15   **if** $\text{Verify}(r, s) = \text{true}$ **then** $\mathcal{A} = \mathcal{A} \cup \{r\}$;
16 **if** g^- has a $\mathcal{L}^-$ request in local search **then**
17   **for** $r \in \mathcal{L}^-[g^-]$ **do**
18   **if** $\text{Verify}(r, s) = \text{true}$ **then** $\mathcal{A} = \mathcal{A} \cup \{r\}$;
19 **return** $\mathcal{A}$;

Function OptimalSignatureSelection

    Input：查询 s，长度 l，频度表 $\mathcal{F}^-, \mathcal{F}^+$
    Output：片段选择向量 Z

1 **for** $i \in [0, \eta_l]$ **do** $M[i][0] = 0^{|P|}$;
2 **for** $j \in [1, \theta_{|s|,l}]$ **do** $M[0][j] = \infty^{|P|}$;
3 **for** $i \in [1, \eta_l]$ **do**
4   **for** $j \in [1, \theta_{|s|,l}]$ **do** Compute $M[i][j]$; Set $Z[i]$;
5 **return** Z;

2.4.1 查询端标签选择

对于给定的在线查询 s，Dima 计算出和 s 相似的记录的最大可能长度 $l^+_{|s|}$（以及最小可能长度 $l^-_{|s|}$）（见表 2.1）。然后针对介于最大最小长度之间的长度 l，Dima 为查询 s 生成候选查询端片段标签。接着 Dima 计算出针对长度 l 生成的片段个数，可以表示为 η_l。对于 $i \in [1, \eta_l]$ 中每个位置的片段，Dima 生成一个查询端片段以及一些容错片段，分别表示为 $\mathrm{pSig}^+_{s,i,l}$ 和 $\mathrm{pSig}^-_{s,i,l}$。Dima 还计算出 s 与长度为 l 的记录 r 相似所允许的不匹配元素的最大数量 $\theta_{|s|,l}$。

接下来介绍如何选择查询端标签。令 Z 表示一个列表，其中每个元素 $Z[i] \in \{0,1,2\}$，并且 $1 \leqslant i \leqslant \eta_l$。$Z[i]=0$ 表示第 i 个片段上的查询端标签没有被选中。$Z[i]=1$ 表示第 i 个片段上的查询端片段标签被选中。$Z[i]=2$ 表示第 i 个片段上的查询端容错片段标签被选中。

一旦选定了 $\mathrm{pSig}^+_{s,i,l}$ 中的查询端片段标签，它就只能匹配对应的索引端标签，因此候选相似记录个数是 $\sum_{g \in \mathrm{pSig}^+_{s,i,l}} \mathcal{F}^+[g]$，也就是片段标签对应的倒排列表 $\mathrm{pSig}^+_{s,i,l}$ 的总大小。如果某个查询端片段标签匹配的索引端标签中不包含记录 r，那么 r 和查询 s 至少具有一个不匹配元素。如果选择的是 $\mathrm{pSig}^-_{s,i,l}$ 中的查询端容错片段标签，那么这些容错片段标签可以匹配索引端片段标签，并且其对应的片段标签也可以匹配索引端的容错标签和片段标签。因此，候选相似记录的数量可以表示为

$\sum_{g \in \text{pSig}_{s,i,l}^-} \mathcal{F}^+[g] + \sum_{g \in \text{pSig}_{s,i,l}^+} (\mathcal{F}^-[g] + \mathcal{F}^+[g])$。如果对于某条记录，选中的容错标签（及其对应的片段标签）都没有找到匹配的索引端（容错）标签，那么这条记录和查询 s 至少具有两个不匹配的元素。

已知在不同的记录上验证相似性的计算代价是相近的，所以 Dima 利用需要验证的候选记录集合的大小来估计计算效率。为了满足算法的完全性（complete），Dima 只需要为 s 选择 x 个片段标签及 y 个容错标签，并且使 $x+2y \geq \theta_{|s|,l}$ 成立。通过选择查询端标签能够使得候选集合最小，这个问题可以形式化表示为：

$$\begin{cases} \text{minimize} \sum_{i=1}^{\eta_l} \left(b_i \sum_{g \in \text{pSig}_{s,l}^+} \mathcal{F}^+[g] + c_i \left(\sum_{g \in \text{pSig}_{s,l}^+} \mathcal{F}^+[g] + \sum_{g \in \text{pSig}_{s,l}^+} (\mathcal{F}^-[g] + \mathcal{F}^+[g]) \right) \right) \\ b_i = \begin{cases} 1, Z[i] = 1, \\ 0, Z[i] \neq 1, \end{cases} c_i = \begin{cases} 1, Z[i] = 2, \\ 0, Z[i] \neq 2, \end{cases} \\ \text{s.t.} \sum_{i=1}^{\eta_l} Z[i] \geq \theta_{|s|,l} \end{cases} \quad (2\text{-}1)$$

可是，在分布式的环境中，为了避免长尾效应，不同分区上的负载要尽可能均衡。因此，优化目标就变成最小化最大负载分区上的负载。为了解决这个问题，本章提出了一种考虑负载均衡的查询端标签选择方法。

2.4.2 考虑负载均衡的标签选择

1. 问题形式化定义

给定 $|\mathcal{P}|$ 个分区,令 $\mathcal{W}_j$ 表示在第 j 个分区上的负载,问题目标是最小化所有分区上最大的负载,可以形式化为 minimizemax($\mathcal{W}_1,\mathcal{W}_2,\cdots,\mathcal{W}_{|\mathcal{P}|}$),其中 $\mathcal{W}_j$ 按照式(2-2)计算:

$$\begin{cases} \mathcal{W}_j = \sum_{i=1}^{\eta_l} \left(b_i \sum_{g \in \mathrm{pSig}_{s,i,l}^+ \& \mathcal{P}(g)=j} \mathcal{F}^-[g] + c_i \sum_{g \in \mathrm{pSig}_{s,i,l}^- \& \mathcal{P}(g)=j} \left(\mathcal{F}^+[g] + \right. \right. \\ \qquad\qquad \left.\left. \sum_{g \in \mathrm{pSig}_{s,i,l}^+ \& \mathcal{P}(g)=j} \mathcal{F}^-[g] + \mathcal{F}^+[g] \right) \right) \\ b_i = \begin{cases} 1, Z[i]=1, \\ 0, Z[i] \neq 1, \end{cases} c_i = \begin{cases} 1 & Z[i]=2, \\ 0 & Z[i] \neq 2, \end{cases} \\ \mathrm{s.t.} \sum_{i=1}^{\eta_l} Z[i] \geq \theta_{|s|,l} \end{cases}$$

(2-2)

$\mathcal{W}_j$ 可以通过对第 j 个分区中所有选中的标签对应的倒排列表的大小进行求和计算出来,这是由于 Dima 利用全局搜索函数 $\mathcal{P}$ 来高效地检查某个标签是否在第 j 个分区中。

一种简单的标签选择方法是枚举所有标签选择方案并且选出能够让负载最均衡的方案。由于每个候选片段都有三种可能的状态(0、1 或者 2),所以这种枚举方法时间复杂度

是 3^{η_l}。为了改进性能,本章提出一种动态规划算法来选择最好的查询端标签来最小化最大负载。

2. 最优标签选择

本小节具体介绍这种基于动态规划的查询端标签选择算法,最小化 $|\mathcal{P}|$ 分区上的最大负载。令 M 表示 η_l 列 $\theta_{|s|,l}$ 行的矩阵,矩阵中的每个值 $M[i][j]$ 都是一个向量 $\mathcal{W} = [\mathcal{W}_1, \mathcal{W}_2, \cdots, \mathcal{W}_{|\mathcal{P}|}]$。这个矩阵表示通过基于不匹配阈值 j 选择前 i 个片段的查询端标签获得的最优的分区负载。文章接下来讨论如何根据 $M[i'][j']$ 计算 $M[i][j]$,其中 $i' \leq i$ 并且 $j' \leq j$。递归计算可以分为如下三种情况:

情况1:如果第 i 个片段没有选择任何标签,那么有 $M[i][j] = M[i-1][j]$。

情况2:如果第 i 个片段上选择了查询端片段标签,那么有 $M[i][j] = M[i-1][j-1] + \Delta_S[i]$,其中 Δ_S 是选择查询端片段标签之后每个分区上的负载增量向量,可以表示为

$$\Delta_S[i] = \sum_{g \in \mathrm{pSig}^+_{s,i,l} \& \mathcal{P}(g) = i} \mathcal{F}^+[g]。$$

情况3:如果第 i 个片段上选择了查询端容错片段标签,那么 $M[i][j] = M[i-1][j-2] + \Delta_D[i]$,其中 Δ_D 是选择查询端容错片段标签之后每个分区的负载增量向量,表示为 $\Delta_D[i] =$

$$\sum_{g \in \mathrm{pSig}^+_{s,i,l} \& \mathcal{P}(g) = i} \mathcal{F}^+[g] + \sum_{g \in \mathrm{pSig}^+_{s,i,l} \& \mathcal{P}(g) = i} \mathcal{F}^-[g] + \mathcal{F}^+[g]。$$

Dima 从这三种情况中选择一个负载向量，使得其中的最大值在所有向量中是最小的。可以表示为

$$M[i][j] = \min \begin{cases} M[i-1][j], \\ M[i-1][j-1]+\Delta_S[i], \\ M[i-1][j-2]+\Delta_D[i] \end{cases} \quad (2-3)$$

例 2.2：针对长度 $l=5$ 时的记录 s_1 生成查询端片段 $s_1=\{a,b,c,d,e,f\}$。通过计算可以知道 $\eta_5=2$ 及 $\theta_{1,s_1,5}=2$。所以 s_1 可以被划分成两个片段并且它的不匹配上界是 2。每个分区的频度如图 2.5 所示。负载分布向量被初始化为 $\{0,0,0\}$。$M[1][1]=\{0,0,2\}$ 意思是如果在第一个片段上选择了片段标签，那么负载分布就变成 $(0,0,2)$。$M[2][1]=\{0,0,0\}$ 意思是如果在第二个片段上选择片段标签，那么负载分布就变成 $(0,0,0)$。$M[2][2]=\{0,1,0\}$ 意思是如果在第二个片段上选择容错标签，那么负载分布就会变成 $(0,1,0)$。

$\mathcal{P}_0$	$\mathcal{P}_1$	$\mathcal{P}_2$
$\mathcal{F}^+(\{f,h\},2,5): 1$	$\mathcal{F}^+(\{b,d\},2,5): 1$	$\mathcal{F}^-(\{b\},2,5): 1$
$\mathcal{F}^-(\{d\},2,5): 1$	$\mathcal{F}^-(\{a,e\},1,5): 2$	$\mathcal{F}^-(\{f\},2,5): 1$
$\mathcal{F}^-(\{c,e\},1,5): 2$		$\mathcal{F}^-(\{a,c\},1,5): 2$
$\mathcal{F}^-(\{h\},2,5): 1$		$\mathcal{F}^+(\{a,c,e\},1,5): 2$

		$s_1=\{a,b,c,d,e,f\}$ $Z(0,2)$				
segment $\mathcal{W}(0,0,2)$		−1	0	1	2	segment $\mathcal{W}(0,0,0)$
$(\{a,c,e\},1,5)$						$(\{b,d,f\},2,5)$
deletion $\mathcal{W}(0,0,2)$	0	$\{\infty,\infty,\infty\}$	$\{0,0,0\}$	$\{\infty,\infty,\infty\}$	$\{\infty,\infty,\infty\}$	deletion $\mathcal{W}(0,1,0)$
$(\{a,c\},1,5)$	1	$\{\infty,\infty,\infty\}$	$\{0,0,0\}$	$\{0,0,2\}$	$\{0,0,2\}$	$(\{b,d\},2,5)$
$(\{a,e\},1,5)$						$(\{b,f\},2,5)$
$(\{c,e\},1,5)$	2	$\{\infty,\infty,\infty\}$	$\{0,0,0\}$	$\{0,0,0\}$	$\{0,1,0\}$	$(\{d,f\},2,5)$

图 2.5 最优标签选择示例

时间复杂度计算：动态规划的时间复杂度是 $\eta_l \theta_{|s|,l} |\mathcal{P}|$。

考虑选中的标签向量 Z。如果 $Z[i]=0$，Dima 不会给任何分区发送查询请求。如果 $Z[i]=1$，对于每个标签 $g^+ \in \mathrm{iSig}^+_{q,i,l}$，Dima 都给分区 $\mathcal{P}(g^+)$ 发送一个片段查询请求，然后分区会将 $\mathcal{L}^+[g^+]$ 中的记录当作候选相似记录并且验证它们。如果 $Z[i]=2$，对于每个标签 $g^- \in \mathrm{iSig}^-_{q,i,l}$，Dima 给分区 $\mathcal{P}(g^-)$ 发送一个片段查询请求，然后这个分区将 $\mathcal{L}^+[g^-]$ 中的记录当作候选相似记录并且验证它们；对于每个标签 $g^+ \in \mathrm{iSig}^+_{q,i,l}$，Dima 给分区 $\mathcal{P}(g^+)$ 发送一个片段查询请求及一个容错片段查询请求，然后分区将 $\mathcal{L}^+[g^+]$ 和 $\mathcal{L}^-[g^+]$ 中的记录当作候选相似记录并且验证它们。

2.4.3 局部查找

每个选中的查询端标签可以定位到相应的索引端标签并且查找出倒排列表，而且在倒排列表中的每条记录都需要被验证。由于两条候选相似记录可能有多个不同的匹配标签，所以这种方法可能会导致重复的验证计算。为了解决这个问题，对于每个相似候选记录，Dima 会检查当前匹配的标签是否是该记录匹配的第一个标签。如果是，就进入验证阶段；反之则忽略这条记录。为了检查当前标签是否是该记录的第一个匹配标签，Dima 为记录 r 生成当前标签之前的所有的索引端标签，并且为记录 s 生成当前标签之前的所有的查询端标签，然后检查这些标签是否存在匹配。为了避免一边进行查询一边生成标签，Dima 可以一次性地将当前标签之前的所有查询端标签都发送给分区进行查找和验证。

2.5 基于相似度的连接操作

对于两个集合 $\mathcal{R}$ 和 $\mathcal{S}$ 的相似度连接，一种简单直接的方法是首先在其中一个集合上构建一个相似索引，比如集合 $\mathcal{R}$。然后把集合 $\mathcal{S}$ 中的每一条记录 $s \in \mathcal{S}$ 当作一个查询并且调用相似选择查询算法来计算结果。可是，由于为大量的查询选择标签代价很高，所以这种方法对于驱动节点来说十分昂贵。为了解决这个问题，Dima 提出了一种高效的连接算法。

算法概览：算法 2.2 包含四步：①它为连接查询中的一个数据集（比如 $\mathcal{R}$）生成标签并且构建一个索引端 RDD（行 1）。②然后它使用贪心算法为每种长度 l 选择查询端标签（行 3~行 4）。③对于每个选中的标签，算法为另一个数据集（比如 $\mathcal{S}$）生成查询端 RDD（行 5~行 14）。由于匹配的查询端标签与索引端标签位于同一个计算节点中，算法可以避免昂贵的节点间数据传输。④算法根据每个执行节点上的索引端 RDD 和查询端 RDD 计算出本地连接结果，然后主节点从所有的局部执行节点中收集最终答案（行 15~行 20）。图 2.6 展示了整个工作流程。

算法 2.2　Dima-相似连接

Input：Two datasets $\mathcal{R}, \mathcal{S}$, threshold τ
Output：Answer set $\mathcal{A}$
// 全局连接
1　Build Index for $\mathcal{R}$；
2　**for** $s \in \mathcal{S}$ **do**
3　　**for** $l \in [l^-_{|s|}, l^+_{|s|}]$ **do**
4　　　$Z = \text{GreedySignatureSelection}(s, l)$；
5　　　**for** $Z_i \neq 0$ **do**
6　　　　**if** $Z_i = 1$ **then**
7　　　　　**for** $g^+ \in \text{pSig}^+_{s,i,l}$ **do**
8　　　　　　Shuffle g^+ and $\mathcal{J}^+[g^+] \leftarrow s$；
9　　　　**if** $Z_i = 2$ **then**
10　　　　　**for** $g^- \in \text{pSig}^-_{s,i,l}$ **do**
11　　　　　　Shuffle g^- and $\mathcal{J}^+[g^-] \leftarrow s$；
12　　　　　**for** $g^+ \in \text{pSig}^+_{s,i,l}$ **do**
13　　　　　　Shuffle g^+ and $\mathcal{J}^+[g^+] \leftarrow s$；
14　　　　　　Shuffle g^+ and $\mathcal{J}^-[g^+] \leftarrow s$；

// 本地连接
15　**for** g in each partition **do**
16　　**for** $(r, s) \in \mathcal{L}^+[g] \times \mathcal{J}^+[g]$ **do**
17　　　**if** $\text{Verify}(r, s) = \text{true}$ **then** $\mathcal{A} = \mathcal{A} \cup \{(r, s)\}$；
18　　　；
19　　**for** $(r, s) \in \mathcal{L}^-[g] \times \mathcal{J}^-[g]$ **do**
20　　　**if** $\text{Verify}(r, s) = \text{true}$ **then** $\mathcal{A} = \mathcal{A} \cup \{(r, s)\}$；
21　　　；
22　**return** $\mathcal{A}$；

Function GreedySignatureSelection

Input: Query s, length l, Frequency Tables $\mathcal{F}^-$, $\mathcal{F}^+$
Output: Selection Vector Z
1 **for** $i \in [1, \eta_l]$ **do**
2   Compute $\mathcal{W}^{+i}$; Insert $(i, \max \mathcal{W}^{+i})$ into MinHeap M;

3 **for** $x \in [1, \eta_l]$ **do**
4   Pop min element $(i, \max \mathcal{W}^{+i})$ from M;
5   **if** $Z[i] = 0$ **then** $Z[i] = 1$; Insert $(i, \max \mathcal{W}^{-i})$ into M;
6   ;
7   **else** $Z[i] = 2$;
8   ;

9 **return** Z;

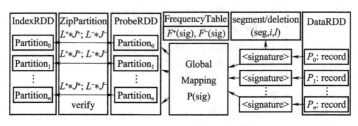

图 2.6 相似连接工作流程

2.5.1 索引过程

给定两个数据集 $\mathcal{R}$ 和 $\mathcal{S}$，Dima 首先根据代价估计技术（将在 2.7.1 节介绍）选择一个数据集进行索引构建。不失一般性地，本书选择了数据集 $\mathcal{R}$ 作为索引数据并且使用 2.3

节介绍的方法构建索引。而针对数据集 $\mathcal{S}$ 中的每一条记录 $s \in \mathcal{S}$，Dima 根据频度表 $\mathcal{F}^+$ 和 $\mathcal{F}^-$ 选择查询端标签，生成查询端标签之后，Dima 构建查询端 RDD。一种简单的构建方法是随机生成数据分布，但是会导致查询端标签和匹配的索引端标签不在同一个分区中的情况，从而带来大量的数据传输代价。为了解决这个问题，Dima 总是能够保证同样的查询端标签和索引端标签一直位于同一个执行节点上，具体方法是使用和索引端 RDD 一样的全局哈希函数 $\mathcal{P}$ 进行拉链分区（zip-partition）操作，这样同样的标签就会被分到同一个分区中。

2.5.2 考虑负载均衡的标签选择

1. 问题形式化定义

对于一个选择查询，Dima 利用 2.4.2 节提出的动态规划算法最小化最大的负载。然而对于连接查询，由于查询端数据集中包含大量的记录，所以只保证一条查询记录的负载均衡是不能保证所有查询记录的负载总和也是均衡的。因此 Dima 需要一种考虑负载均衡的查询端索引来最小化所有分区上的最大整体负载，这个整体目标可以形式化为 minimize $\max(\mathcal{W}_1, \mathcal{W}_2, \cdots, \mathcal{W}_{|\mathcal{P}|})$，其中 $\mathcal{W}_j$ 可以通过式（2-4）计算：

$$\begin{cases} \mathcal{W}_j = \sum_{s \in \mathcal{S}} \Big(\sum_{i=1}^{\eta_{|s|}} (b_i^s \sum_{g \in \text{pSig}_{s,i,|s|}^+ \& \mathcal{P}(g)=j} \mathcal{F}^+[g] + \\ \qquad c_i^s \big(\sum_{g \in \text{pSig}_{s,i,|s|}^- \& \mathcal{P}(g)=j} \mathcal{F}^+[g] + \\ \qquad \sum_{g \in \text{pSig}_{s,i,|s|}^+ \& \mathcal{P}(g)=j} (\mathcal{F}^+[g] + \mathcal{F}^-[g]))) \Big) \\ b_i^s = \begin{cases} 1, Z^s[i] = 1, \\ 0, Z^s[i] \neq 1, \end{cases} c_i^s = \begin{cases} 1, Z^s[i] = 2, \\ 0, Z^s[i] \neq 2, \end{cases} \\ \text{s.t.} \sum_{i=1}^{\eta_l} Z^s[i] \geq \theta_{|s|,l} \end{cases} \quad (2\text{-}4)$$

其中$\mathcal{W}_j$可以通过对第j个分区中包含的所有标签可能承担的负载求和得到。通过使用全局函数也可以高效地检查一种标签是否存在于第j个分区中。注意到，相对于选择操作（如2.4.2节所示）而言，这里的公式中的参数包含一个上标。

由于选择一条记录的标签也会影响到其他记录的负载，所以即使完成了针对查询s的负载均衡，查询s'上的负载均衡也会被打破。因此可以证明针对连接查询的考虑负载均衡标签选择是一个非确定性多项式时间（Non-deterministic Polynomialtime，NP）的问题。

定理2.1：考虑负载均衡的查询端标签选择是一个NP完全问题。

证明：考虑负载均衡的查询端标签选择问题对应的决策

问题是：给定一系列向量集合，是否有一种方法能够从每个向量集合中选出一个向量，使得对这些向量进行求和之后的最大值不超过 k。本书通过把这个决策问题归约到 3-分区问题进行证明。给定一个包含 $3n$ 个整数 $x_1, x_2, \cdots, x_{3n}$ 并且数值和等于 nB 的集合，其中 n 和 B 都是整数，3-分区问题目标是检查是否有一种将这个集合划分成 n 个子集合并且使每个子集合中元素之和都正好等于 B。基于 3-分区问题实例，可以生成一个包含 $w = 4n$ 维向量集合的集合，对于任意的 $1 \leqslant i \leqslant 3n$ 及 $1 \leqslant j \leqslant n$，可以构建一个包含两个 $4n$ 维向量的集合：第一个向量除了第 j 个元素之外都是零元素，并且第 j 个元素是 $(n-1)x_i$；第二个向量除了第 $n+1$ 个元素之外都是零元素，并且第 $n+1$ 个元素等于 B。这样就可以构造出一个包含 $3n^2$ 个向量集合的查询端标签选择问题实例集合。如果 3-分区问题有一个解决方案 $S_1, S_2, \cdots, S_n$，那么就可以找到考虑负载均衡的查询端标签选择问题的一个解决方案。如果 $x_i \in S_j$，可以选择第一个向量；反之如果 $x_i \notin S_j$，就选择第二个向量。由于每个子集合 S_j 中所有元素之和正好等于 B，所以选中的向量之和的最大值也正好等于 $(n-1)B$，这是能够获得的最小的值。∎

2. 针对负载均衡的一种贪心算法

本章提出一种贪心算法来解决考虑负载均衡的标签选择问题。算法针对集合 $\mathcal{S}$ 中的每条记录 s 进行单独的处理。对

于 s，算法选择出当前针对它的最优查询端标签。可是，这种选择算法代价很高（特别是对于 $\mathcal{S}$ 中包含大量记录的情况）。为了避免这个问题，本章提出一种贪心的算法。

假设当前的负载向量是 $\mathcal{W}$。对于每条记录 s 中的第 i 个片段，算法都计算出选择其作为查询端片段之后的负载，记为 $\mathcal{W}^{+i}$，其中：

$$\mathcal{W}_j^{+i} = \mathcal{W}_j + \sum_{g \in \mathrm{pSig}_{s,i,l}^+ \& \mathcal{P}(g)=j} \mathcal{F}^+[g] \quad (2\text{-}5)$$

这样对于每个查询端片段标签，算法的目标是选择第 i 个片段作为标签使得对于所有的 $i \in [1, \eta_l]$ 都有 $i = \mathrm{argmin}_i \max\{\mathcal{W}^{+i}\}$，其中 $\max\{\mathcal{W}^{+i}\} = \max\{\mathcal{W}_1^{+i}, \mathcal{W}_2^{+i}, \cdots, \mathcal{W}_{|\mathcal{P}|}^{+i}\}$。

一旦选择了第 i 个片段标签，算法需要考虑是否将该片段标签替换为第 i 个容错标签。因此对于每条记录第 i 个片段，算法也为选择查询端容错标签的情况计算负载情况，记为 $\mathcal{W}^{-i}$，其中：

$$\mathcal{W}_j^{-i} = \mathcal{W}_j + \sum_{g \in \mathrm{pSig}_{s,i,l}^+ \& \mathcal{P}(g)=j} \mathcal{F}^-[g] + \sum_{g \in \mathrm{pSig}_{s,i,l}^- \& \mathcal{P}(g)=j} \mathcal{F}^+[g] \quad (2\text{-}6)$$

在上式中没有添加 $\sum_{g \in \mathrm{pSig}_{s,i,l}^+ \& \mathcal{P}(g)=j} \mathcal{F}^+[g]$ 项，这是由于在选择片段标签的时候已经考虑过。下文中给出贪心选择算法：Dima 维护了一个最小堆。在开始的时候，算法计算出 $\{\mathcal{W}^{+i}\}$ 并且将 $\max\{\mathcal{W}^{+i}\}$ 插入到最小堆中，然后弹出堆顶最小的元素，也就是第 i 个片段。如果 $Z[i]=0$，算法修改 $Z[i]=1$，也就是选择了第 i 个片段标签。接着算法计算 $\mathcal{W}^{-i}$ 并且插入

$\max\{\mathcal{W}^{-i}\}$ 到最小堆中。如果 $Z[i]=1$，算法修改 $Z[i]=2$，也就是选择了第 i 片段上的容错标签。经过 $\eta_{s,l}$ 次迭代之后，算法结束。

时间复杂度：贪心算法的时间复杂度是 $\theta_{|s|,l}|\mathcal{P}|\log\eta_l$。

例 2.3：考虑图 2.7 中的负载，算法为记录 $s_1=\{a,b,c,d,e,f\}$ 选择标签。首先，计算出每个片段标签会带来的负载变化，比如 $\mathcal{W}^{+1}=(0,0,2)$ 和 $\mathcal{W}^{+2}=(0,0,0)$。然后弹出最小堆中的最小值 $\mathcal{W}^{+2}$ 并且更新 $Z=(0,1)$。接着将 $\mathcal{W}^{-2}=(0,1,0)$ 插入到最小堆中，弹出最小值 $\mathcal{W}^{-2}=(0,1,0)$ 并设置 $Z=(0,2)$。这样，算法就选出了第二个片段的查询端容错标签作为最终标签方案。

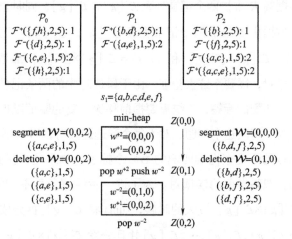

图 2.7 贪心选择算法示例

2.5.3 查询端 RDD 构建

选择查询端标签之后,Dima 对它们进行洗牌操作并且构建查询端 RDD。针对记录 s 及长度 l,如果 $Z[i]=1$,就选择它的片段标签,并且将记录 s 插入到每个标签 g 对应的局部索引位置 $\mathcal{J}^+[g]$ 中。如果 $Z[i]=2$,就选择它的容错标签,并且将记录 s 插入到每个容错标签 g^- 对应的局部索引位置 $\mathcal{J}^+[g^-]$ 及每个片段标签 g^+ 对应的局部索引位置 $\mathcal{J}^+[g^+]$、$\mathcal{J}^-[g^+]$ 之中。

2.5.4 本地连接

在同一个执行节点上,对于同一种标签 g,Dima 为索引端数据集 $\mathcal{R}$ 维护两个记录列表 $\mathcal{L}^+[g]$,$\mathcal{L}^-[g]$,同时也为查询端数据集 $\mathcal{S}$ 维护两个记录列表 $\mathcal{J}^+[g]$,$\mathcal{J}^-[g]$。记录对 $(r,s) \in \mathcal{L}^+[g] \times \mathcal{J}^+[g]$ 和 $(r,s) \in \mathcal{L}^-[g] \times \mathcal{J}^-[g]$ 都是候选可连接对,需要系统去验证。由于候选对中的两条记录可能有多个匹配的标签,系统需要提前移除重复的验证以提高效率。为了解决这个问题,对于每个候选连接对,Dima 检查当前标签是否是查询端匹配的第一个标签。如果是,就验证;否则,忽略当前的候选对。为了进一步缓解负载不均问题,当 $\mathcal{L}^+[g] \times \mathcal{L}^-[g]$ 过大的时候,Dima 将 $\mathcal{L}^-[g]$ 拆分成多个部分 $\mathcal{L}_1^-[g],\mathcal{L}_2^-[g],\cdots,\mathcal{L}_x^-[g]$ 并且分发 $\mathcal{L}^+[g] \times \mathcal{L}_i^-[g]$ 到负载较低的节点上。

2.6 最 K（Top$K$）选择和连接

2.6.1 最 K（Top$K$）选择

基本思想：对于相似选择，Dima 使用给定的阈值生成片段和容错片段作为标签。然而最 K 选择查询中没有相似度阈值，所以如何针对最 K 查询进行标签选择是一个重要问题。为了解决这个问题，本章提出一个渐进式的方法来计算最 K 查询的结果。Dima 首先生成一个标签，然后利用这个标签产生一些候选相似结果并且将其中 K 个最相似的结果放入优先队列 Q 中。可以知道 Dima 保存在队列 Q 中的最小相似度 τ_k，其他未知记录的相似度上界 ub 也可以被估计出来。如果 $\tau_k \geq ub$，那么就可以保证 Q 中的候选记录就是最终的结果并且算法可以结束；否则算法就继续产生下一个标签，计算候选记录并且更新优先队列和 τ_k。接下来，文章介绍如何渐进式地发现候选记录以及如何估计上界 ub。

索引构建：为了获得更大的 τ_k，算法首先识别出最相似的候选记录并且把它们加入队列 Q 中。为了实现这个目标，Dima 首先将记录 r 划分为两个片段，将第一个片段当作第一个标签。然后继续将记录 r 的第二个片段进一步划分成两个子片段，并把第一个子片段当作下一个标签。经过这样的迭代，Dima 可以为记录 r 生成标签。例如，记录 $r_1 = \{a,c,e,b,d\}$ 的片段分别是 $\{a,c,e\}$，$\{b\}$，$\{d\}$。注意，Dima 对于不同的记录，使用的是同样的生成标签策略。因此，算法需要事先收集所有的元素并且把它们切分成两个集合。如果元素在第一个集合，算法将它映射到第一个标签。接着，算法继续将第二个集合划分成两个子集合直到只剩一个元素为止。对于一条长度为 l 的记录，它将包含 $\log l$ 个片段。片段划分之后，和相似选择查询与连接查询类似，Dima 基于标签构建了全局索引和局部索引。

计算候选结果：给定一个查询 s，Dima 使用同样的方法来产生第一个标签 g_1，然后使用全局索引获得相关的分区信息。对于每个相关的分区，再使用局部倒排索引进行本地查找获得候选结果 $\mathcal{L}^+[g_1]$，并且发送最相似的 K 个结果到主节点服务器上。主节点收集来自所有执行节点的结果之后将它们插入到有限队列中并且计算 τ_k。

计算上界 ub：根据第一个片段，算法就可以估计出其他记录（第一个片段标签没有匹配）和查询记录的相似度上界。由于其他记录和 s 没有在第一个标签上匹配，所以它们之间至少存在一个不匹配。如果 $|s| \geq |r|$，那么有 $|r \cap s| \leq |r|$、$|r \cup s| \geq |r|+1$，$|r \cap s| \leq |s|-1$ 及 $|r \cup s| \geq |s|$，所以有 $\dfrac{|r \cap s|}{|r \cup s|} \leq \min\left(\dfrac{|s|-1}{|s|}, \dfrac{|r|}{|r|+1}\right)$；而如果 $|s| \leq |r|$，那么

有 $\frac{|r \cap s|}{|r \cup s|} \leq \min\left(\frac{|r|-1}{|r|}, \frac{|s|}{|s|+1}\right)$。每次判断是否要继续访问第二个片段之前,需要计算出针对第二个片段的上界 ub,$ub_2 = \frac{|s|}{|s|+1}$,如果 $\tau_k \geq ub_2$,那么就不再访问第二个片段。类似地,在我们决定是否访问第 i 个片段的时候,计算出 $ub_i = \frac{|s|}{|s|+i-1}$,如果 $\tau_k \geq ub_i$,那么就不需要访问第 i 个片段并且算法终止;否则,继续访问第 i 个片段,抽取更多的候选结果、更新优先队列及 τ_k。

考虑负载均衡的方法:Dima 中最 K 相似查询的方法也支持容错标签的生成及索引。选择标签生成候选记录集合的时候,Dima 可以选择片段标签或者容错片段标签。具体地,Dima 使用 2.4.2 节中提出的技术选择更好的标签来平衡负载。上述的片段生成方法同样支持这种可选择标签。

2.6.2 最 K(Top$K$)连接

对于最 K(Top$K$)连接,Dima 仍然采用渐进式生成标签的方法。首先,为待连接的两个数据集分别生成第一个标签并且使用拉链分区的方法将同样的标签通过洗牌操作分派到同一个分区中。在每个分区中,Dima 都计算本地候选记录对,然后将结果发送给主节点,接着主节点将收集来的候选结果放入优先队列中并且计算 τ_k。对于每条记录,Dima 基于

当前相似度的上界 ub 来决定是否生成第二个片段标签：如果 $\tau_k \geq ub$，就不再生成标签；否则，继续生成第二个标签。一旦算法不再生成更多的标签，算法就可以结束并且返回前 K 个结果。

2.7 基于代价的查询优化

本节主要展示 Dima 中基于代价的查询优化器（Cost-Based Optimization，CBO）。首先介绍查询代价估计技术（2.7.1 节），然后介绍参数优化技术（2.7.2 节）。

2.7.1 代价估计

SQL 查询可能包含多种操作，因此估计每种操作的代价对于利用代价选择查询执行计划（比如连接顺序）的查询引擎来说是十分重要的。由于 Spark SQL 原生包含针对准确选择和连接查询算子的代价模型，所以 Dima 主要关注对于相似查询操作的代价估计。如果存在多种连接谓词，Dima 还能够估计中间结果集大小，并且输入给代价模型进行代价估计。

针对相似度选择查询的代价/基数估计：给定一个相似度选择查询操作，Dima 首先为查询记录选择查询端标签，然后通过查找所有包含这些标签的记录条数来估计候选相似记录的

数量，比如 $C^f = \sum_{g \in s} \mathcal{F}[g]$，其中 g 是一个选中的标签。为了估计验证需要的代价，Dima 提出了针对相似度计算的代价模型。比如对于杰卡德相似度的验证代价可以表示为 $C^v = |s|$。这样，一条选择查询的估计代价就是 $C^v C^f$。同样，Dima 通过 $\mathcal{N} = \alpha \sum_{g \in s} \mathcal{F}[g]$ 估计相似度选择查询的结果集大小，其中 α 是结果集在整个候选集合中的占比，可以通过采样计算获得。

针对相似度连接查询的代价/基数估计：有两种方法来估计相似连接的代价，第一，如果在其中一个数据集上已经构建了索引，那么就可以使用估计相似选择查询代价的方法来估计相似连接代价。具体地，估计器从另一个数据集中采样出一些记录，计算这些采样的选择查询代价，然后按比例推广到整个连接查询操作的代价。估计的代价可以形式化为 $C^v C^f \beta$，其中 β 是采样比例。类似地，估计器也可以通过 $\mathcal{N} = \alpha \beta \sum_{g \in s} \mathcal{F}[g]$ 估计结果集行数。第二，如果没有构建索引，那么 Dima 就直接采样一些记录来估计代价和基数。

2.7.2 参数优化

Dima 系统中有两种重要参数。第一种是分区数量，第二种是元素的全局顺序（按照这个顺序可以进行片段划分）。

片段的数量：增加分区数量可以增加并行扩展度，但是同

时也会增加标签选择的时间以及额外的分区任务调度时间。首先考虑相似选择，对于标签选择的动态规划算法的时间复杂度可以表示为 $\mathcal{O}(\theta_{|s|,l}\eta_l|\mathcal{P}|)$，并且可以近似为 $\mathcal{O}(l^2|\mathcal{P}|)$。倒排列表的总大小是 $\mathcal{O}\left(\sum|s|\right)$。假设基于标签的方法过滤能力是 λ，那么 $\mathcal{O}\left(\dfrac{\sum|s|}{\lambda}\right)$ 条记录将会被当作候选记录。然后期望的并行选择代价是 $\mathcal{O}\left(\dfrac{\sum|s|}{\lambda|\mathcal{P}|}\right)$。为了获得最好的选择查询性能，应该将 $|\mathcal{P}|$ 设置为 $\mathcal{O}\left(\sqrt{\dfrac{\sum|s|}{\lambda l^2}}\right)$。接下来考虑相似连接，标签选择的贪心算法的时间复杂度是 $\mathcal{O}(\theta_{|s|,l}\log\eta_l|\mathcal{P}|)$，并且可以近似为 $\mathcal{O}(l\log|\mathcal{P}|)$。假设基于标签方法的过滤力度是 λ^+，那么 $\mathcal{O}\left(\dfrac{\sum|s|}{\lambda^+}\dfrac{\sum|r|}{\lambda^+}\right)$ 条记录将会被当作候选集合，期望的并行连接代价就是 $\mathcal{O}\left(\dfrac{\sum|s|}{\lambda^+}\dfrac{\sum|r|}{\lambda^+|\mathcal{P}|}\right)$。为了获得最佳的连接性能，应该设置 $|\mathcal{P}|$ 为 $\mathcal{O}\left(\sqrt{\dfrac{\sum|s|\sum|r|}{\lambda^{+3}l^2}}\right)$。

元素的全局顺序：设计一种好的全局映射函数使得标签能够均匀地分布在每个片段中并且避免不均衡问题是非常重

要的。直觉上，如果有两个频繁出现的元素被划分在了同一个片段中，那么这个片段对应的倒排列表大小也会很大并且导致性能降低。为此，本节提出一种轮询调度的方法来产生好的全局映射函数。方法首先需要获得每个元素的频度，然后根据它们的频度对所有元素降序排序。假设存在 $|\mathcal{P}|$ 个分区。对于前 $|\mathcal{P}|$ 个元素，Dima 将第 i 个元素放在第 i 个片段中。对于之后的 $|\mathcal{P}|$ 个元素，Dima 将第 i 个元素放在第 $(|\mathcal{P}|-i)$-th 个片段中。依次迭代，最终可以获得一种更好的全局映射顺序。

2.8 针对编辑距离的标签技术

本节主要介绍如何将标签索引技术扩展应用到编辑距离上，每条记录被当作一个序列。

数据 r 的片段数量：给定阈值 τ，一个序列（比如字符串）可以被划分成 $\eta_{|r|} = \tau+1$ 个片段，并且由于鸽巢原理，序列 s 和 r 相似仅当 s 和 r 共享至少一个片段。

数据 r 的片段：本节讨论如何将一个序列划分成 $\tau+1$ 个片段。为了获得很强的过滤能力，Dima 为了让每个标签具有相近的长度，令前 $|r| \% (\tau+1)$ 个片段长度都是 $\left\lceil \frac{|r|}{\tau+1} \right\rceil$，而其他片段长度是 $\left\lfloor \frac{|r|}{\tau+1} \right\rfloor$。根据片段的长度，可以很容易地获得片段。

查询 s 的最小长度和最大长度：给定一个序列 s 及一个阈值 τ，与 s 可能相似的序列的最小长度是 $l_{|s|}^- = |s| - \tau$，而最大长度是 $l_{|s|}^+ = |s| + \tau$。

针对长度 l 的查询端片段标签：对于每种长度 l，每个片段都是固定的长度。对于查询序列 s，Dima 为每个片段选择同样长度的子串。Li 等人[26]提出如何选择最小的片段。

针对长度 l 的不相似的元素阈值：如果 s 与一个长度为 l 的序列是相似的，那么它们不同元素个数不能超过 $\theta_{|s|,l} = \tau + 1$。

索引端片段标签：Dima 将 r 均匀划分成 $\eta_{|r|} = \tau + 1$ 个不重叠的片段 $seg_1, seg_2, \cdots, seg_{\eta_{|r|}}$，$iSig_{r,i,|r|}^+ = (seg_i, i, |r|)$ 被称作索引端标签，其中 $1 \leq i \leq \eta_{|r|}$。

索引端容错标签：对于每个片段标签 $iSig_{r,i,|r|}^+ = (seg_i, i, |r|)$，从中删除一个元素之后就可以获得标签 $iSig_{r,i,|r|}^- = (del_i, i, |r|, k)$，其中 del_i 是通过删除 seg_i 的第 k 个元素之后产生的子序列（$1 \leq i \leq \eta_{|r|}, 1 \leq k \leq |seg_i|$）。这种方式生成的每个标签被称作索引端容错标签。如果记录 s 和 r 有一个片段标签没有匹配，s 和 r 至少包含一个不同的元素。但是如果记录 s 和 r 有一个容错标签没有匹配，那么 s 就和 r 存在至少两个不同元素。

查询端片段标签：给定一条记录 s，s 只可能与长度在区间 $[l_{|s|}^-, l_{|s|}^+]$ 范围内的记录 r 相似，其中 $l_{|s|}^- = |s| - \tau$，$l_{|s|}^+ = |s| + \tau$。由于不同长度记录具有不同的分片策略，所以我们

考虑位于长度范围中的所有长度，$l \in [l^-_{|s|}, l^+_{|s|}]$。

针对长度 l 的查询端片段标签：由于长度为 l 的记录被划分成 η_l 个片段，Dima 也将 s 划分成 η_l 个片段 seg_1, $\text{seg}_2, \cdots, \text{seg}_{\eta_l}$。对于每个位置 $i \in [1, \eta_l]$，Dima 生成对应的查询端片段标签 $\text{pSig}^+_{s,i,l} = (\text{seg}_i, i, l)$。

针对长度 l 的查询端容错标签：对于在集合 $\text{pSig}^+_{s,i,l}$ 中的每个查询端片段标签 (seg_i, i, l)，Dima 从 seg_i 中删除任意元素并且获得一个集合 $\{(\text{del}_i, i, l, k)\}$，其中 del_i 是 seg_i 通过删除任意一个位置的元素获得的子序列。最后获得了一个查询端容错标签 $\text{pSig}^-_{s,i,l}$ 及查询端容错标签集合 $\text{pSig}^-_{s,l} = \cup_i \text{pSig}^-_{s,i,l}$。

过滤条件：给定记录 r，索引端片段标签集合表示为 iSig^+_r，索引端容错标签集合表示为 iSig^-_r；给定记录 s，查询端标签集合表示为 $\text{pSig}^+_{s,i,|r|}$，查询端容错标签集合表示为 $\text{pSig}^-_{s,i,|r|}$。如果 r 和 s 是相似的，它们最多只能包含 τ 个编辑错误。令 $\theta_{|s|,|r|} = \tau+1$ 表示不相似的阈值，如果 r 和 s 有超过 $\theta_{|s|,|r|}$ 个编辑错误，它们是不可能相似的。$\theta_{|s|,|r|}$ 被称作不相似阈值上界。

如果 $\text{pSig}^+_{s,i,l} \cap \text{iSig}^+_{r,i,l} \neq \varnothing$，那么 s 和 r 的第 i 个片段相同。如果 $\text{pSig}^-_{s,i,l} \cap \text{iSig}^-_{r,i,l} \neq \varnothing$，$s$ 和 r 的第 i 个片段包含一个编辑错误；并且可以推测出如果 $\text{pSig}^-_{s,i,l} \cap \text{iSig}^-_{r,i,l} = \varnothing$，$r$ 和 s 的第 i 个片段包含至少两个编辑错误。

Dima 中包含两种可选的查询端标签。

（1）选择查询端片段标签 $\text{pSig}^+_{s,i,l}$。如果 $\text{pSig}^+_{s,i,l} \cap \text{iSig}^+_{r,i,l} =$

∅，那么 r 和 s 至少有一个不同的元素。

（2）选择查询端容错标签 $\text{pSig}^-_{s,i,l}$。如果 $\text{pSig}^-_{s,i,l} \cap \text{iSig}^-_{r,i,l} = \emptyset$，那么 r 和 s 在第 i 个片段上至少有两个编辑错误。假设 Dima 为 s 选择 x 个片段标签及 y 个容错标签，那么需要满足 $x+2y \geq \theta_{|r|,|s|}$。如果选中的标签没有匹配，那么 r 和 s 包含至少 $\theta_{|r|,|s|}$ 个不同的元素，r 和 s 也就不可能相似，Dima 利用这个原理作为记录的过滤条件。

最 K 查询（TopK）：Dima 依然使用渐进式的框架来计算最 K 查询结果。唯一的不同在于上界 ub 的计算方式。当 Dima 决策是否为第 i 个片段生成标签的时候，前面已经有了 $i-1$ 个不匹配的标签，这样的上界就是 $ub_i = i-1$。如果 $\tau_k \leq ub_i$，算法结束；否则，Dima 需要为第 i 个片段生成标签。

2.9 实验验证

2.9.1 实验设置

数据集：表 2.2 展示所有被使用的数据集的统计信息，包括：Twitter，Review，Dbpedia 和 Webtable。Twitter[⊖]是一个网络用户关注者数据集，其中每条记录是特定用户的关注者

[⊖] http://snap.stanford.edu/data/twitter7.html

集合。Review[一]是亚马逊书籍评论数据集，其中每条记录是一条评论文本。Dbpedia[二]是一个知识库数据集，每条记录是一个关系实体。Webtable[三]是原始网页数据集，其中每条记录是网页表中的一个元组。前两种数据集使用基于集合的相似度函数，比如杰卡德相似度。而后两种数据集使用基于序列的相似度函数，比如编辑距离（见 2.8 节）；WebtableBig 和 ReviewBig 数据集由于包含过多记录而无法被基线方法支持，所以实验中主要使用 20% 的数据样本针对基线方法进行比较。本节也介绍在完整数据集上 Dima 方法的性能指标。

表 2.2 数据集

数据集	数据行数	平均长度	最小长度	最大长度	数据大小
Twitter	20 000 000	15.52	5	32	2.9GB
Review	20 000 000	10.3	1	399	1.5GB
ReviewBig	100 000 000	11.2	1	399	7.7GB
Dbpedia	20 000 000	18.43	1	61	1.5GB
Webtable	20 000 000	9.44	4	145	1.1GB
WebtableBig	100 000 000	10.57	4	148	5.5GB

[一] http://snap.stanford.edu/data/web-Amazon.html
[二] http://wiki.dbpedia.org/Downloads2015-04
[三] http://data.dws.informatik.uni-mannheim.de/webtables/2015-07/englishCorpus/compressed

基线方法：实验比较了四种基线方法，包括没有索引的原生 SparkSQL 方法 Naive，基于前缀标签分区的方法 PrefixSig 以及两种基于数据分区的方法 PrefixData 和 SelectableData。PrefixData 和 SelectableData 方法直接将记录根据长度划分到不同的分区中。对于每种长度为 l 的不同记录，实验将它们划分到同样的分区中，并且对于那些长度在 l_{min} 和 l 之间的记录也会被放入这个分区。然后连接操作就可以只发生在本地分区上，但是数据需要多个副本且放置在不同分区上来满足长度的要求。对于每个本地连接，PrefixData 和 SelectableData 方法分别使用前缀过滤[5] 技术和可选标签过滤技术来计算本地结果。PrefixSig 方法使用和 Dima 类似的索引框架，但是 PrefixSig 使用前缀作为标签进行过滤，所以它不支持针对分布式环境的负载均衡。实验验证了两种 Dima 中的方法：Dima 方法使用不考虑负载均衡的切片标签技术，Dima+方法考虑负载均衡。

对于最 K 查询，实验比较了三种基线方法，包括：基于标签分区的方法 PrefixSigTop$K$，以及两种数据分区的方法 PrefixDataTop$K$ 和 SelectableDataTop$K$。这些基线方法首先使用基于阈值的算法计算相似度大于 0.95 的结果，如果找出了 k 个结果，算法结束；否则继续减少阈值到 0.9 直到找出 k 个结果。

参数：实验中改变了三种参数，相似度阈值 τ，系统核心数量和数据集大小。表 2.3 展示了不同的参数值。当变化一种参数的时候,其他的参数都被固定为默认值(用粗体在表格中标明)。

表 2.3 参数(默认参数为加粗字体)

参数名称	参数值
杰卡德相似度阈值 τ	**0.8**, 0.85, 0.9, 0.95
编辑距离阈值 τ	1, 2, 3, **4**
TopK 选择的 k 值	250, 500, 750, **1 000**
TopK 连接的 k 值	2 500, 5 000, 7 500, **10 000**
大数据集上 TopK 选择的 k 值	1 250, 2 500, 3 750, 5 000
大数据集上 TopK 连接的 k 值	5 000, 10 000, 15 000, 20 000
#Cores	32, 64, 96, **128**
#Size	5M, 10M, 15M, **20M**

机器环境:所有实验部署在一个包含 64 个节点的集群上,其中每个节点包含一个 8 核 Intel Xeon E5-2670 v3 2.30GHz 处理器,以及 48GB 的内存,并且机器上运行 Ubuntu 14.04.2 操作系统和 Spark1.5.0 分布式框架。每个计算节点之间通过千兆带宽光纤交换机连接。

2.9.2 评估本章提出的方法

不同的分区数量:图 2.8 展示了 Dima 系统在分区数量发生变化时候的性能。可以发现随着分区数量的增加,相似选择查询和连接查询的性能都是先增加后减少。这样的结果与理论的分析也是一致的,增加分区数量可以提高并行度但是同时会带来更多的标签选择代价和任务调度代价。因此选择一个合适的分区数量是非常重要的。除此之外,选择查询和连接查询的最优分区数量也有所不同;连接查询处理需要更大的分区数量,这是因为连接查询的算法本身的代价更高,所以子任务需要被划分得更小。

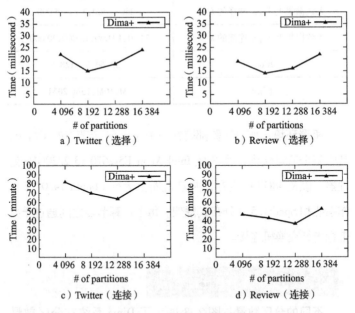

图2.8 变化分区数量

索引大小和构建时间：图 2.9 显示随着数据集大小的增加，则有①Dima 的索引构建时间线性增长，并且可以在 300 秒之内完成构建；②索引大小也线性增加，所有分区上的局部索引大小总和大约是 10GB，平均每个局部索引的大小大约是 100MB。相比于局部索引，全局索引更小（一共只有 100MB），因此全局索引可以轻易地被分发到各个节点协助之后的负载均衡。

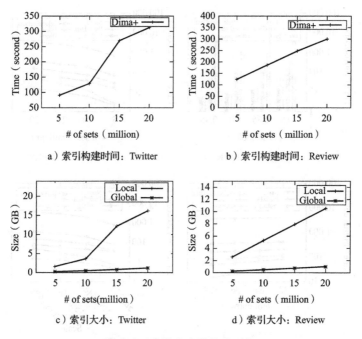

图 2.9　索引大小和构建时间

2.9.3 和基线方法的比较

1. 相似度选择

实验首先评估不同的相似度选择查询处理算法。针对每个数据集，实验随机采样 10 000 条查询并且在图 2.10 和图 2.11 中展示了平均查询处理时间。

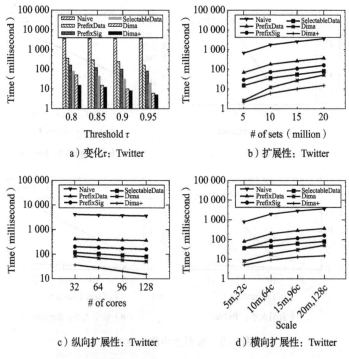

图 2.10 在数据集 Twitter 上和基线方法比较（选择）

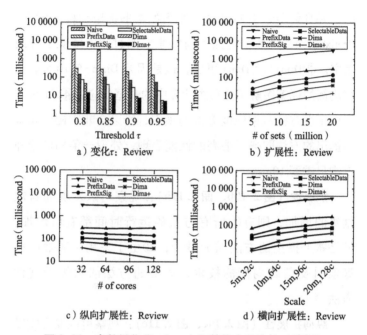

图 2.11 在数据集 Review 上和基线方法比较（选择）

不同的阈值：图 2.10a、图 2.11a 展示不同阈值下的性能。通过观察可以发现①随着阈值的增加，所有方法的性能都有所改进。这是因为大的相似度阈值使得问题变得更加简单，并且会使候选集合变小，因此也就减少了候选集验证时间。②本书提出的方法相比于基线方法性能提升 1~3 个数量级。这是由于采用了全局-局部索引框架及可选片段标签。两种数据分区的方法的性能低，是因为它们只能够对于数据进行分区却无法保证负载均衡，并且前缀索引的过滤力度不如本书提出的标签索引。PrefixSig 方法性能低是因为前缀索引的过滤力度低于片段索引。③Dima+比 Dima 更好，这是因为 Dima+使用考虑负载均衡的标签缓解了分布式计算中的长尾效应。④Naive 方法由于没有针对相似度查询的索引，所以会非常慢。⑤本书提出的方法取得了很高的性能表现，处理一条相似选择查询只需要 10ms。

扩展性（图 2.10b、图 2.11b）：观察可以发现随着数据集的增加，则有①所有方法的运行时间都有所增加，但是本书提出的方法增加最少；②由于采用了高效的标签索引及负载均衡的技术，本书的方法依然优于其他方法。

纵向扩展性（图 2.10c、图 2.11c）：观察可以发现①随着节点数量的增加，所有方法的性能都有所增加，这是因为并行的方法可以使用更多的节点进行查询处理；②本书提出的方法优于基线方法 1~3 个数量级；③随着节点数量的增加，Dima 相比于基线方法的优越性变得更加明显，这是因为节点数量越多，负载均衡的重要性就越高。

横向扩展性（图 2.10d、图 2.11d）：在实验中等比例变化节点核心数量及数据集大小。在图中，"5m,32c"意思是 500 万数据集，32 个核心。可以观察到①Dima+在所有数据集上扩展性都很好,特别是当参数从"15m,96c"增加到"20m,128c"的时候扩展性很高。这个结论和之前对于不同数据大小和核心数量的独立实验得出的结果也是一致的;②本书提出的方法优于基线方法1~2个数量级;③考虑负载均衡的技术可以显著提高查询性能。

2. 相似连接

和相似选择的实验类似,本章还评估了不同的相似连接算法。

不同的阈值(图2.12a、图2.13a):从图中可以观察到,首先,Dima+在时间性能上明显优于PrefixData,PrefixSig,SelectableData以及Dima,特别是当阈值很小的时候。例如,在Review数据集上当$\tau=0.8$的时候,PrefixData方法花费1 280min,PrefixSig方法花费950min,SelectableData方法花费651min;而Dima方法花费57min,Dima+方法只花费37min。主要的原因有以下三点:①基于前缀的标签一般会比基于可选片段标签产生更多的候选记录对。②Dima和Dima+方法利用全局索引减少节点之间的通信代价并且利用局部索引过滤候选对。③由于长尾节点或者任务会极大影响分布式计算的整体性能,所以负载均衡机制在提升性能上发挥了重要作用。其次,SelectableData和Dima+方法对于相似度阈值的设置都很敏感,并且SelectableData方法在阈值大于

0.8的时候比 Dima 方法速度更快,但是依然慢于 Dima+。SelectableData方法相比于 Dima 受到慢任务的影响更小,这是因为它不需要在网络中发送标签,数据传输代价更小。Dima+利用负载均衡机制解决了长尾问题并且性能优于SelectableData 方法。Dima+方法的高效率得益于它使用了全局索引,避免了不必要的网络通信,而网络通信在分布式计算中被认为是主要的性能杀手。

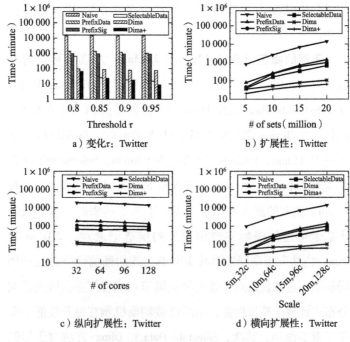

a)变化τ:Twitter

b)扩展性:Twitter

c)纵向扩展性:Twitter

d)横向扩展性:Twitter

图2.12 在数据集 Twitter 上和基线方法比较(连接)

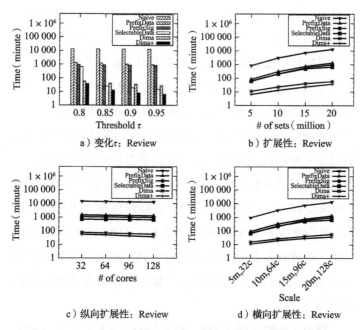

图 2.13 在数据集 Review 上和基线方法比较（连接）

扩展性（图 2.12b、图 2.13b）：实验通过改变不同的数据集规模测试 Dima 的扩展性。通过观察可以发现①数据集很大的时候 Dima 和 Dima+相比于基线方法的优越性很明显，这是由于更大的数据集让查询变得更难并且为连接计算带来更多的数据计算和数据传输，从而更加暴露了基线算法的缺陷。②Dima+方法在数据集增大及核心数量增加的时候具有很好的扩展性，这是由于 Dima+利用可选标签均衡了负载。③Dima+处理相似选择查询比处理查询相似连接性能更高，这是由于相似选择查询时每个计算节点上的负载比较相近而且网络数据传输也更少。

纵向扩展性（图 2.12c、图 2.13c）：实验变化不同的核心数量来测试查询处理方法的纵向扩展性，通过观察可以发现①随着核心数量的增加，所有方法的性能都有所提高，这是因为分布式方法可以利用更多的核心来计算查询结果。②对于不同的核心数量，本书提出的方法性能明显优于已有基线方法 1~3 个数量级。例如，在 Twitter 数据集上，Dima+在 96 核心情况下花费 83 分钟处理连接查询，而在 128 核心情况下只花费 64min。③Dima+随着核心数量不断增加，性能优于其他算法越来越明显，这是因为只有它采用了负载均衡机制，能够提前尽量均匀地分配负载到不同的节点上。

横向扩展性（图 2.12d、图 2.13d）：实验同时变化核心数量及数据集规模来测试相似连接查询的横向扩展性。通过观察有如下发现①大多数方法横向扩展性都很好，随着核心数量和数据集规模的增长，它们的查询处理时间都会有轻微的增长。②本书提出的方法依然好于基线方法 1~2 个数量集。③考虑负载均衡的技术可以提升性能。例如，在 Twitter 数据集上，Dima+对于 1 000 万数据集花费 35min，而对于 2 000 万数据集花费 64min。本书提出的方法可以获得近乎线性的横向扩展性，这是由于高效的过滤方法能够过滤掉大部分不相似的候选记录对。基于考虑负载均衡标签的分区方法比粗糙的基于数据的分区方法更好,这是因为基于标签的方法可以更加细粒度地计算不同节点上可能的负载,而且两层索引也可以有效避免不必要的网络数据传输。

2.9.4 在大数据集上测试

实验在大数据集 ReviewBig 测试了 Dima+在不同阈值下的扩展性,结果如图 2.14a 和图 2.14b 所示。本书提出的方法使用 128 核心在 1 亿数据集规模下也能保持很好的性能。比如,当阈值是 0.8 的时候,Dima+平均 280ms 就能够处理一个查询,这是由于使用的高效过滤算法能够剪除大量不相似的记录对,负载均衡机制避免了数据倾斜和长尾效应。对于连接查询操作,本书提出的方法也能获得很高的查询处理效率。

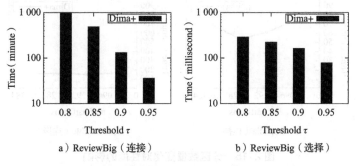

a)ReviewBig(连接)   b)ReviewBig(选择)

图 2.14 在大数据集 ReviewBig(100M) 上的测试

2.9.5 基于编辑距离的实验

1. 测试本书提出的方法

不同的分区数量：图 2.15 显示随着分区数量的增长，相似选择和连接的性能先增长再降低。在后面的实验中，系统都使用每个数据集上性能最好的分区数量作为默认参数。

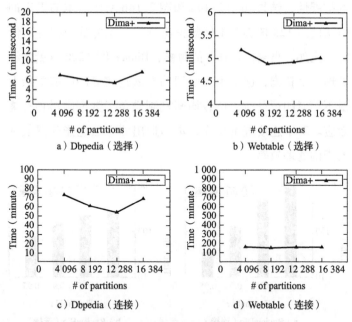

图 2.15 分区数量变化对性能的影响

索引大小以及构建时间：图 2.16 报告了在数据集 Dbpedia 和 Webtable 上的索引大小以及构建时间。可以发现：①随着数据规模的增长，索引构建时间及索引大小都线性增长；②索引可以在 160s 内完成构建；③局部索引一共大约 10GB，全局索引只有 100MB。

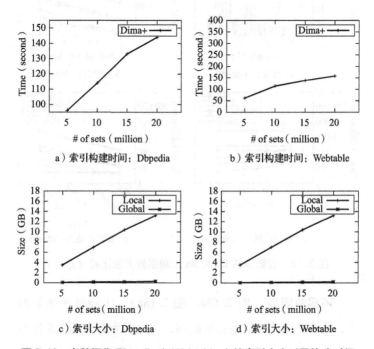

图 2.16 在数据集 Dbpedia 和 Webtable 上的索引大小以及构建时间

2. 相似度选择

实验首先评测相似选择的不同方法在三种参数发生变化

的时候的性能表现。图 2.17 和图 2.18 展示了结果。

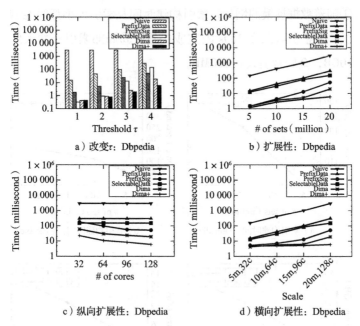

图 2.17 在数据集 Dbpedia 上和基线方法比较（选择）

不同的阈值（图 2.17a、图 2.18a）：①随着阈值的减小，所有方法的性能都有所提高，这是因为更小的编辑距离阈值会让候选结果集大小变得更小，从而使得验证计算更快，整体性能更高；②本书提出的方法显著优于基线方法，特别是当阈值和数据规模不断增加的情况下，本书提出的方法要好 1~2 个数量级。这是由于 Dima+ 采用了先进的标签索引及负载均衡机制。

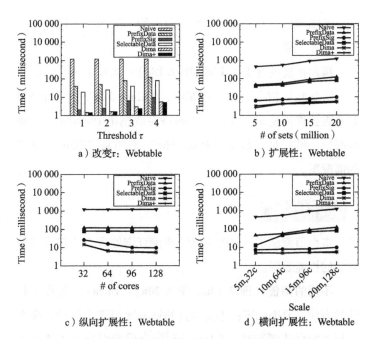

图 2.18 在数据集 Webtable 上和基线方法比较（选择）

扩展性（图 2.17b、图 2.18b）：通过变化数据集大小，可以发现①随着数据集增大，所有方法运行时间都有所增加但是本书提出的方法增长比较平缓；②本书提出的方法在所有参数上都优于基线方法，这主要是因为 Dima+ 系统使用了高效的标签及负载均衡技术。

纵向扩展性（图 2.17c、图 2.18c）：①随着核心数量增长，所有方法的性能都有所改善；②对于不同的核心数量，本书提出的方法比基线方法都有着 1~2 个数量级的性能提升;③随着核心数量增加,本书提出的方法相比基线方法优越性更加明显。

横向扩展性(图 2.17d、图 2.18d):实验中等比例增加核心数量和数据集大小。在图中,"52m,32c"意思是 500 万的数据规模及 32 个核心。Dima+在数据集 Dbpedia 上扩展性很好,特别是参数从"15m,96c"增加到"20m,128c"的情况下。

3. 相似度连接

本小节测试了不同的相似度连接查询处理方法在不同参数下的性能表现。

不同的阈值(图 2.19a、图 2.20a):Dima+显著优于其他的方法。原因如下:①前缀过滤标签比可选片段标签会产生更多的候选匹配对;②Dima+利用全局索引减少了节点之间的网络通信,并且利用局部索引过滤不相似的候选对;③负载均衡机制可以显著地改善分布式环境下长尾任务造成的性能下降问题。

扩展性(图 2.19b、图 2.20b):实验使用了不同规模的数据集并且有如下发现。随着数据集规模的增加,所有方法的运行时间都有所增加,但是本书提出的方法增加较为平缓。由于使用了高效的标签索引及负载均衡机制,本书提出的方法依然优于基线方法。当数据集很大的时候,本书的方法展示出了更大的优越性,这是因为大的数据集规模使得问题变难并且带来了更多的潜在数据传输和连接计算。从实验结果中可以看出 Dima+方法随着数据集增加的扩展性更好。Dima+方法处理选择查询的性能要高于处理连接查询,这是由于选择查询的负载在不同机器上更加接近并且需要的网络数据传输也更少。

纵向扩展性(图 2.19c、图 2.20c):①随着核心数量的增加,本书方法相比于基线方法有 1~3 个数量级的提升。②由于利用了负载均衡机制,Dima+随着核心数量的增加会变得更加优于其他方法。

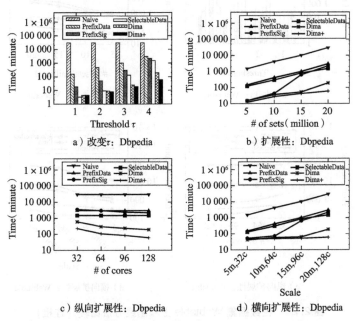

图 2.19 在数据集 Dbpedia 上和基线方法比较(连接)

横向扩展性（图 2.19d、图 2.20d）：本书提出的方法优于基线方法 1~2 个数量级。这是由于①高效的过滤方法能够过滤掉更多不相似的候选对；②由于考虑负载均衡的标签分区方法能够更加细粒度地计算不同计算节点上的负载，所以它比基于数据的分区方法更好；③多级索引机制可以避免不必要的网络传输。

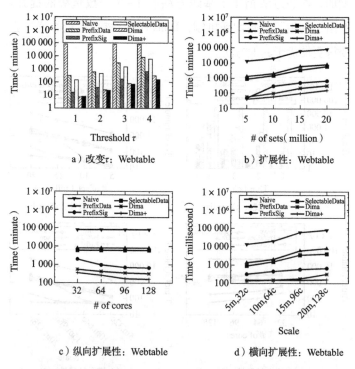

图 2.20 在数据集 Webtable 上和基线方法比较（连接）

4. 在大数据集上测试

实验在大数据集 WebtableBig 上测试了不同的方法。图 2.21 展示了实验结果。本书的方法使用 128 核心在 1 亿规模数据集上依然保持了很高的性能。这得益于本书的方法使用了高效的过滤方法过滤了大量不相似的候选对,而且可选择标签也可以避免数据倾斜和长尾任务带来的负载不均。甚至对于相似连接这种十分消耗资源的查询处理,本书的方法也能保证很高的性能。

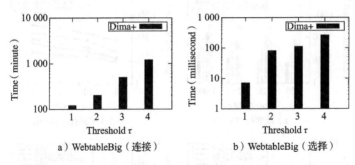

图 2.21　在大数据集 WebtableBig（100M）上的测试

2.9.6　针对最 K（Top$K$）查询处理方法的实验

改变 k（图 2.22a、图 2.23a）：①随着 k 的增加,所有方法的性能都会降低,这是因为更大的 k 会带来更多的中间结果、更低的阈值,以及更多次的迭代;②由于使用了先进的索引框架及渐进式的标签生成技术，本书的方法极大优于基线方法。③Dima+方法比 Dima 更好，这是因为 Dima+使用长度递减标签使得负载在前几轮迭代中更加均衡，并且 Dima+利用可选标签加速算法收敛及负载均衡。

扩展性（图2.22b、图2.23b），纵向扩展性（图2.22c、图2.23c），横向扩展性（图2.22d、图2.23d）：由于使用了先进的索引结构以及负载均衡机制，本书提出的方法在扩展性上优于基线方法。

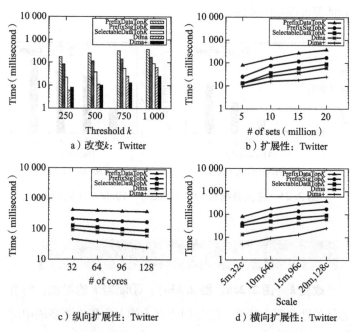

图2.22 在数据集Twitter上和基线方法比较（最K选择）

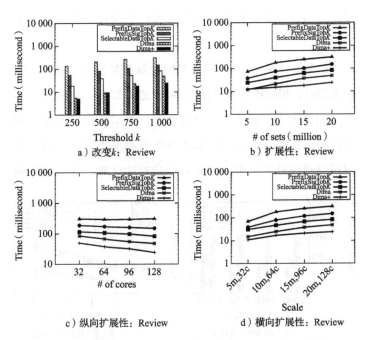

图 2.23 在数据集 Review 上和基线方法比较（最 K 选择）

2.9.7 最 K 个相似连接

改变 k（图 2.24a、图 2.25a）：Dima+在性能上显著优于 PrefixDataTopK、PrefixSigTopK、SelectableDataTopK 及 Dima。原因有如下三点：①基于前缀标签的方法产生了更多的候选相似对，特别是在前几轮的迭代中；②将记录分片成长度递减的片段有助于减少队列的操作次数；③本书提出的负载均衡机制也在提高整体计算性能中扮演了重要的角色。

扩展性（图2.24b、图2.25b），纵向扩展性（图2.24c、图2.25c），横向扩展性（图2.24d、图2.25d）：本书提出的方法明显优于基线方法。原因如下：①本书提出的片段标签具有更强的过滤能力；②本书提出的渐进式标签查询框架可以避免对于低相似度候选记录对的计算；③负载均衡

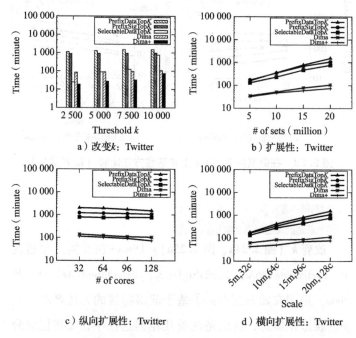

图2.24 在数据集Twitter上和基线方法比较（最K连接）

机制显著减少了在最耗时的若干分区上的计算代价;④本书提出的方法在并行度高的情况下能够充分利用集群核心执行计算。

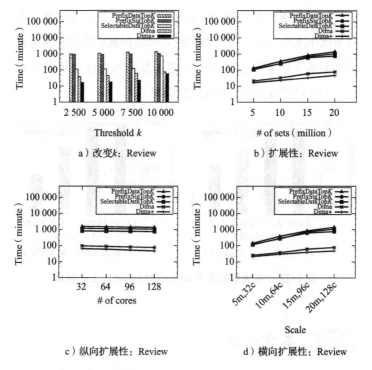

a) 改变k: Review

b) 扩展性: Review

c) 纵向扩展性: Review

d) 横向扩展性: Review

图 2.25　在数据集 Review 上和基线方法比较(最 K 连接)

实验还在大数据集上测试了最 K 相似度选择和连接查询处理算法。图 2.26a 和图 2.26b 展示了实验结果。由于其他基线方法并不能在大数据上支持最 K 查询，本书只展示了 Dima+的实验结果。可以发现 Dima+依然保持了很高的最 K 查询处理性能。这得益于渐进式的查询处理框架，负载均衡机制及高效的标签生成方法。

实验总结：本书提出的方法在处理相似选择和连接上都显著优于基线方法 1~3 个数量级。考虑负载均衡的标签选择框架解决了数据分布倾斜的问题。本书的方法扩展性也很好，并且能够支持亿级规模的数据集。

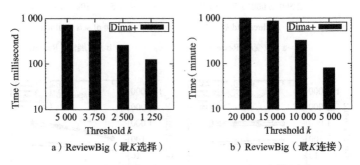

图 2.26 在大数据集 ReviewBig(100M) 上的测试

2.10 本章小结

本章介绍了一个分布式内存相似查询处理系统 Dima，Dima 能够支持四种核心的相似查询操作：基于相似度阈值的选择和连接，最 K 相似度选择和连接。本章首先介绍了如何设计各种可选标签及全局 & 局部索引，来提供高效处理相似选择和连接的能力；接着介绍了基于负载均衡的标签选择算法，以便在分布式环境中为每个分区均衡负载；然后介绍了如何将 Dima 通过一系列的查询优化技术整合到 Spark SQL 中；最后介绍了在真实数据集上的实验，实验展示了 Dima 系统的高效性及高扩展性。

第 3 章

基于学习的相似查询基数估计

本章主要研究相似查询基数估计问题,并且使用了神经网络模型构建了一个针对高维数据的基数估计引擎。3.1 节介绍相似查询的基数估计问题、研究背景、研究挑战及相关工作;3.2 节形式化定义了对于相似查询的基数估计问题;3.3 节介绍了一种端到端相似查询基数估计神经网络模型的设计方法,并且提出基于查询分片和数据分片的两种模型改进方法;3.4 节介绍了基于相似查询基数估计模型改进的相似连接基数估计方法;3.5 节给出了模型的实现细节,包括超参数选择、模型设计细节等;3.6 节在真实的高维数据集上进行了充分的实验验证;3.7 节对本章进行了总结。

第3章 基于学习的相似查询基数估计

3.1 引言

3.1.1 问题背景

相似度查询的目标是寻找和给定的查询相似的实体,它是计算机科学的众多应用面临的核心基础问题,比如文本查找、图像查找、商品推荐、数据库查询优化等[36-39]。

通常有两种应用需要基数估计技术。①使用估计的基数作为最后的结果。例如,当比较哪种对象实例(比如一个研究课题,或者是时装图片)更受欢迎的时候,只需要估计与给定查询相似的实例数量,而不是实际查询出所有相似的对象。②使用估计的基数作为中间结果大小。由于进行准确相似度查询是非常耗时的,所以一种典型的策略是首先估计每种相似查询谓词的结果基数,然后中间结果基数可以被用于端到端查询处理的查询优化中。这种技术在多维相似查询比如信息抽取、图像文本搜索、实体匹配及其他的关系数据库查询优化中被广泛使用。

考虑相似度的基数估计:令 D 是一个对象数据集合,比如图片、文本或者元组。本章主要研究如下两个问题。

(1)相似度选择查询基数估计:目标是针对集合 D 中和查询 q 的相似距离不大于阈值 τ 的对象数量 $\text{card}(q,\tau,D)$ 进行估计。

（2）相似度连接查询基数估计：对于输入的对象集合 Q，在集合 Q 和 D 中的数据对表示为 (q,p)（$q\in Q, p\in D$），针对满足相似距离不超过 τ 的 (q,p) 数量 $\text{card}(Q,\tau,D)$ 进行估计。

基于学习的基数估计：针对相似度查询的基数估计问题本质上是一个回归问题，针对给定的相似度查询（包括查询对象 q 及针对数据集 D 的相似度阈值 τ），本书研究的问题是估计查询的输出结果大小（基数）。

如图 3.1(A) 所示，一种直接的基数估计方法是训练一个深度神经网络并且学习出函数 $F(\boldsymbol{x}_q, \boldsymbol{x}_\tau, \boldsymbol{x}_D)$，其中 $\boldsymbol{x}_q$ 是查询对象 q 的特征向量，$\boldsymbol{x}_\tau$ 是表示阈值 τ 的一个一维向量，$\boldsymbol{x}_D$ 是一个 k 维向量，其中每一维是 q 和来自数据集 D 的一个样本的相似度（从 D 中一共采样 k 个样本）。

最近，基于神经网络的方法在相似查询基数估计上的应用已经被研究[40]。它们使用了变分自编码器（Variational Autoencoders, VAE[41]）来学习相似查询的基数。它通过将阈值和查询对象分别学习来提高估计准确度，并且保证单调性。可是，这种方法在训练样本较少（比如几百几千的量级）的时候产生了相对较大的误差，原因主要有两点：

（1）这种方法使用了全连接的神经网络学习特征嵌入表示，但是全连接神经网络参数多容易过拟合，而且难以学到高维数据的数据分布。

（2）这种方法无法在模型中充分利用基于距离的聚类信息（聚类信息可以使用非监督的方法获得，不需要训练样本）。

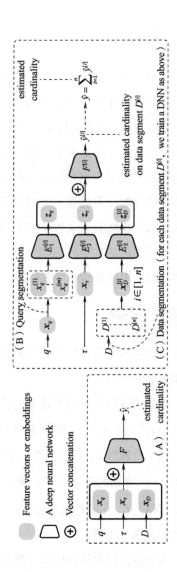

图 3.1 基数估计方法概览

3.1.2 问题挑战

深度学习通过组合各种参数化的模块组成一个系统,并且根据任务目标使用基于梯度的方法优化这些参数。正如后面将要在3.6节展示的实验结果,图3.1(A)中的简单方法无法给出准确的估计,这主要是由于一整个全连接神经网络无法很好地学到数据和任意查询的距离分布关系。因此,针对相似查询的基数估计的主要挑战在于如何设计一些小的神经网络模块,使得每个模块能够高效学习针对给定任务的一部分知识,并且通过组合这些小模块的结果,可以实现使用更少的训练样本却给出更加准确结果的目标。

3.1.3 本书的方法

本书介绍的方法从两个角度设计更小的模块化模型,包括更小的查询和更小的数据。

查询分片:这个步骤指的是将查询q的特征向量划分为更小的查询片段$\{x_q^{(1)}, \cdots, x_q^{(m)}\}$,如图3.1(B)所示,并且在这些片段上训练一个模块E_1来产生嵌入表示z_q。这种方法不同于将x_q当作一个特征向量来训练,第一层的神经网络(Neural Network,NN)E_1分别将每个查询特征向量片段$x_q^{(j)}$当作输入(细节参见3.3.1节)。

数据分片:这个步骤指的是将相似(距离近)的数据划

分到一起，组成一系列无重合的数据片段 $\{D^{[1]},\cdots,D^{[n]}\}$，并且训练 n 个局部模型（第 i 个模型对应着数据片段 $D^{[i]}$）。每个局部模型由 4 个神经网络模块构成。$E_1^{[i]}$、$E_2^{[i]}$ 和 $E_3^{[i]}$ 分别学习 $\boldsymbol{x}_q$、$\boldsymbol{x}_\tau$ 和 $\boldsymbol{x}_D^{[i]}$ 的嵌入表示。另一个神经网络模块 $F^{[i]}$ 则负责给出数据片段 $D^{[i]}$ 对于查询 q 及阈值 τ 的基数估计 $[\hat{y}^{[i]} = F^{[i]}(z_q \oplus z_\tau \oplus z_D^{[i]})]$。图 3.1（C）展示了局部模型结构。

对于基数整体的估计 $\hat{y}$ 是所有局部模型的估计值的总和，可以表示为 $\hat{y} = \sum_{i=1}^{n} \hat{y}^{[i]}$。

3.1.4 相关工作

1. 针对准确查询的基于学习的基数估计

Malik 等人[42] 首先根据结构对查询进行分类（比如连接条件、谓词属性等），然后将属性值作为查询的特征向量训练模型。Kipf 等人[17] 针对查询结构训练了一个多集合卷积神经网络（MSCN）。Ortiz 等人[43] 提出使用强化学习技术训练出对于查询连接树结构的表示。Yang 等人[16,44] 提出使用一种深度似然网络来捕捉数据在多个属性上的联合分布，然后估计合取谓词查询的基数。Sun 等人[45] 提出了一种端到端的基于学习的基数和代价估计器。Park 等人[46] 提出了一种使用混合均匀分布的选择率估计方法。可是，这些方法只支持准确的范围查询却不能支持考虑距离的相似查询，这是因为相似查询的基数、查询特征向量及距离阈值都有关,并且相似查询不满足传递性规则。

2. 相似查询的基数估计

Mattig 等人[47]提出了一种基于核函数的估计向量查询基数方法(KDE),它利用高斯函数作为核函数,并且将所有样本上的核函数的累计密度求和获得对于基数的估计。可是由于基于核函数的方法依然依赖于数据样本,所以在稀疏空间中存在和采样方法类似的零结果问题。

方法[48-49]首先将所有已有的查询进行聚类并且从相邻的查询中找出一条具有代表性的查询(也被称作一个"原型查询",简称"原型")。然后它们在每个原型上构建了基于阈值的线性模型。对于任意查询,方法将它们映射到原型上,收集基数,然后使用加权和作为估计的基数。这种方法能够在低维数据(比如小于 10 维)上获得较好的结果,但是在高维数据上很难发现具有代表性的原型查询,而且很难使用简单的线性模型对复杂数据分布的基数进行估计。

数据聚类:无监督的基于哈希的方法首先将高维数据或者无量纲数据映射到一个短的代码,然后将代码相同的数据放入同一个桶中,最后查询几个相邻的桶就可以获得近邻数据。基于哈希的方法包括局部敏感哈希(LSH)[50-57]、基于学习的哈希方法[58-60]以及基于量化的方法[61-62]。传统的聚类方法如 K 均值(K-means)经常被用于低维数据的聚类。

而对于高维数据，K 均值方法可以被用于数据的一个子空间[63]，或者对数据先进行降维（比如使用主成分分析法 PCA[64]）。

3.2 术语及问题定义

数据集：数据集 D 是一个包含了一系列数据对象的集合，其中每个数据对象 p 是一个 d 维向量 x_p。

令 $|x_p|$ 表示 x_p 的长度，比如 $|x_p|=d$。

对象（比如图片、文本、元组等）通常利用深度学习技术被转化成特征向量或者嵌入式表示[65]。

查询：查询 q 的特征向量被表示为 x_q。查询集合 Q 是一个查询对象的集合，其中的每个对象的特征向量维度相同。

同一个数据集上的数据和查询对象都有着同样维度的特征向量，而不同数据集上的数据和查询对象维度可以不同。

距离函数：相似查询的关键是两个对象 p 和 q 之间的距离函数 $\mathrm{dis}(x_p, x_q)$。距离越小，相似度越高。

自然地，距离函数的选择是和应用相关的。比如，L_m-正则距离[66]的典型应用场景是数据集中每个维度的值都是一样重要的。角度距离（angular distance）[66]被广泛应用于包含很多零值的稀疏向量数据集上，而汉明距离（Hamming distance）[66]通常被用于每个维度上只有 0 和 1 两种值的数据集上。

基数估计的误差指标：回归问题最常用的误差是平均绝对百分比误差（Mean Absolute Percentage Error，MAPE[67]）及 Q-误差[17,68]，误差可以形式化定义为

$$\begin{cases} \text{MAPE}(\widehat{\text{card}}, \text{card}) = \left| \dfrac{\widehat{\text{card}} - \text{card}}{\text{card}} \right| \\ Q\text{-error}(\widehat{\text{card}}, \text{card}) = \dfrac{\max(\widehat{\text{card}}, \text{card})}{\min(\widehat{\text{card}}, \text{card})} \end{cases} \quad (3\text{-}1)$$

式中，$\widehat{\text{card}}$ 是估计的基数；card 是真实的基数。值得注意的是，在实际中使用 MAPE 作为损失函数容易使模型倾向于低估基数，而 Q-误差可以克服这个问题，但是它可能导致在误差接近 1 时减小误差的比重从而忽略误差（如果 $\min(\widehat{\text{card}},$ card$)=0$，可以将它设置为一个很小的值，比如 0.1）。总之，当 MAPE 超过 1 时，使用 Q-误差效果更好；反之，使用 MAPE 效果更好。因此，本书提出的模型同时考虑两种指标作为训练损失函数。

对于给定的数据集 D、距离函数 dis( ) 和距离阈值 τ，本书主要研究两种基数估计问题。

问题 1：相似选择查询的基数估计（针对查询 q）。令 $\text{card}(q,\tau,D)$ 表示 D 中和查询对象 q 的距离不超过 τ 的数据对象的数量，也就是 $\text{card}(q,\tau,D) = \sum_{p \in D} \text{dis}(\boldsymbol{x}_q, \boldsymbol{x}_p) \leqslant \tau$。问题的目标就是提供对于 $\widehat{\text{card}(q,\tau,D)}$ 的估计。

问题 2：相似连接查询的基数估计（针对集合查询 Q）。令 $\mathrm{card}(Q,\tau,D)$ 表示数据集 Q 和 D 中所有数据对 (q,p)（其中 $q \in Q, p \in D$）中满足 $\mathrm{dis}(\boldsymbol{x}_q, \boldsymbol{x}_p) \leq \tau$ 的数量。问题的目标是提供对于 $\widehat{\mathrm{card}(Q,\tau,D)}$ 的估计。

由于数据集 D 是固定的，所以在没有歧义的时候可以将问题目标写作 $\widehat{\mathrm{card}(q,\tau)}$ 和 $\widehat{\mathrm{card}(Q,\tau)}$。

好的基数估计方法一般需要同时满足三个特点：准确性、高效性及单调性。

（1）准确性用来评价估计值和真实值误差上的优劣。基数估计越准确，它能够为应用带来的收益也就越大。

（2）高效性是基数估计方法天然必备的特性，这是由于在实际使用中，基数估计必须比执行查询本身要高效。

（3）随着阈值的单调性保证了对于任意查询对象，较大距离阈值的基数一定会不小于较小的距离阈值。单调性是基数估计可解释性保证的关键技术。

此外，本节在表 3.1 中总结了一些使用上标的符号。

表 3.1 使用上标的符号

变量名	符号	描述
$\boldsymbol{x}_q$：查询向量	$x_q^{(i)}$	第 i 个查询片段
D：数据集	$D^{[i]}$	第 i 个数据片段
Q_{batch}：一批训练样本	$Q_{\mathrm{batch}}^{[i]}$	第 i 个训练样本
Q：查询集合	$Q^{(i)}$	第 i 个查询对象

3.3 基于学习的相似选择查询基数估计

3.3.1 针对相似选择查询的基本深度学习框架

特征向量：如图3.1(A)所示，使用深度神经网络的基本方法是将每条查询(q,τ,D)转化为一组特征向量(x_q, x_τ, x_D)，并且将它们拼接成为单个向量作为神经网络 F 的输入 x（即 $x = x_q \oplus x_\tau \oplus x_D$）。

查询特征向量 x_q 有 d 维，其中 d 是和应用有关的变量。例如，如果 q 是一个包含 28×28 像素的灰度图，那么对应的 x_q 就是一个 28×28 = 784 维度的向量；如果 q 是包含 d 个数值属性的元组，那么 q 本身就是一个特征向量 x_q；如果 q 是类别值，那么 x_q 可以是一个独热编码，并且维度 d 等于不同的类别总数。此外，x_q 也可以是对象的分布表示（distributed representation）（比如，如果 q 是一个单词，对应的 x_q 就是词嵌入编码）。

距离特征向量 x_τ 是针对距离阈值的一维向量编码。

数据特征向量 x_D 是一个 k 维向量，其中的每一个维度的值都表示一个数据样本和查询 q 的距离。本书的方法使用 k 个数据样本而不是整个数据集 D。

通过将这些向量组合到一起，图3.1(A)中的输入变成

一个 $(d+1+k)$ 维向量。

学习稀疏特征向量的嵌入表示：本章提出使用三种不同的神经网络，E_1、E_2 和 E_3 来分别学习 $\boldsymbol{x}_q$、$\boldsymbol{x}_\tau$ 和 $\boldsymbol{x}_D$ 的嵌入表示，而不是直接拼接特征向量为 $\boldsymbol{x}_q \oplus \boldsymbol{x}_\tau \oplus \boldsymbol{x}_D$。如图 3.2 所示，三种网络会产生对应的嵌入表示 z_q、z_τ 和 z_D，也就是 $z_q = E_1(\boldsymbol{x}_q)$，$z_\tau = E_2(\boldsymbol{x}_\tau)$ 及 $z_D = E_3(\boldsymbol{x}_D)$。三个输出的嵌入表示被拼接成为一个向量 $z_q \oplus z_\tau \oplus z_D$ 并输入到神经网络 F，网络 F 通过训练能够估计基数 $\hat{y} = \widehat{\mathrm{card}(q,\tau,D)}$。

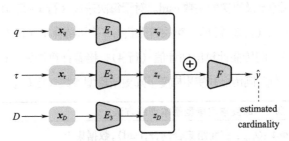

图 3.2　使用基于学习的嵌入表示改进图 3.1(A)

损失函数：由于模型目标是解决回归问题，应该满足模型输出（估计的基数）和真实基数越接近，损失函数越小。损失函数设计主要面临两个挑战：①真实的基数大小可能会在零到几百万范围变化，很难将它们拟合得很好。②MAPE 和 Q-误差都有自己的局限性。如果单独使用 MAPE 作为损失函数，模型倾向于低估基数；如果使用 Q-误差作为损失函数，较小的误差容易被忽略。

对于挑战①，损失函数对真实值先取对数，然后再计算误差；对于挑战②，损失函数采用了一种 MAPE 和 Q-误差的混合函数。综上，损失函数可以被形式化为

$$\mathcal{J}(\theta) = \left| \frac{e^{\widehat{card}} - card}{card} \right| + \lambda \frac{\max(e^{\widehat{card}}, card)}{\min(e^{\widehat{card}}, card)} \quad (3-2)$$

式中，$\widehat{card}$ 是估计的基数；card 是真实的基数，并且 λ 是一个可调的权重（被看作一个超参数）。

模型训练（算法 3.1）：每个训练样本包含一个查询 q、对应的阈值 τ 及真实的基数 card。对于每次迭代（行 1~行 6），以及批训练（行 2~行 6），算法首先获得 k 个训练样本（行 3），然后进行正向传播计算出估计值（行 4），接着计算损失（行 5），最后进行反向传播并使用梯度下降更新模型参数（行 6）。

算法 3.1 深度学习模型基本训练方法

Input：Q_{train}：三元组集合 $(q, \tau, card)$，数据集 D
Output：返回训练好的 model

1 **for** 迭代数量 **do**
2   **for** $N <$ 训练样本分批数量 **do**
3       $Q_{\text{batch}}, D_{\text{sample}} \leftarrow$ get-minibatch(Q_{train}, N, D);
4       $\widehat{card} \leftarrow$ model.forward_propagate$(Q_{\text{batch}}, D_{\text{sample}})$;
5   loss $\leftarrow \left| \frac{e^{\widehat{card}} - card}{card} \right| + \lambda \frac{\max(e^{\widehat{card}}, card)}{\min(e^{\widehat{card}}, card)}$;
6   model.backward_propagate(loss);
7 **return** model;

本章之所以使用数据样本和查询之间的距离，其原因是数据样本和查询之间的距离可以粗略表示数据相对于查询的分布情况，可以帮助模型训练，而且少量样本上的距离计算效率很高，不会对整体算法性能产生影响。

3.3.2 查询分片

如 3.6 节所述，直接将全连接神经网络应用到整个特征向量 x_q 上容易产生糟糕的估计，尤其是当查询和数据对象维度较高而且训练样本数量不够多的时候，估计误差很大。一种可行的解决思路是将 x_q 划分成多个低维向量，并且从这些低维向量上学到 x_q 的降维嵌入表示 z_q。直觉上，估计低维向量的数据分布会比估计高维向量的更加容易。

所以关键问题是：两个高维向量之间的距离是否能够通过计算它们切分出来的低维向量获得？接下来本节使用一个例子来回答这个问题。

例 3.1：令 u 指代一个包含片段 $u^{(1)}$ 和 $u^{(2)}$ 的向量，其中 $u = u^{(1)} \oplus u^{(2)}$，$|u| = d$，并且 $|u^{(1)}| = |u^{(2)}| = d/2$。令 $V = \{v_1, v_2, v_3, v_4\}$ 是 4 个向量组成的集合，其中的每个向量 $v_i \in V$ 的维度都是 $|v_i| = |u|$，并且可以被划分为两个向量 $|v_i^{(1)}| = |v_i^{(2)}| = d/2 (i = [1,4])$。如图 3.3 所示，$u$ 和 v_i 之间的 L_1-正则距离在 0.1 到 0.6 的范围内。

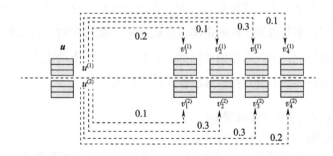

图 3.3 针对离散距离的从查询片段密度分布到查询密度分布转换

算法首先使用神经网络学习函数 $f()$，这个函数能够输出和查询片段之间的距离是 0.1 的向量片段位置。例如，$f(u^{(1)},0.1)=0101$ 表示 $u^{(1)}$ 和 $v_2^{(1)}$（或者 $v_2^{(2)}$）之间的距离是 0.1。然后，算法使用一个基于学习的函数 $g()$ 合并不同片段上的距离分布。在这个例子中，距离分布是一个二元指示向量，$g()$ 是一个位和操作。算法可以为最终的分布产生每种距离阈值的密度。例如，这个例子可以得到 $g(u,0.3)=f(u^{(1)},0.1)$ 和 $f(u^{(2)},0.2)+f(u^{(1)},0.2)$ 和 $f(u^{(2)},0.1)$，这是由

于如果 $u^{(1)}$ 和 $v_1^{(1)}$ 的 L_1-正则距离是 0.1 并且 $u^{(2)}$ 和 $v_1^{(2)}$ 的 L_1-正则距离是 0.2,那么 u 和 v_1 的距离就是 0.1+0.2=0.3。

在例 3.1 中,对于离散的距离,算法可以先在查询片段上进行估计,然后将它们合并为整体的估计。

学习连续距离分布函数:本书接下来讨论如何支持连续的距离阈值 τ。

考虑一个查询向量 $\boldsymbol{x}_q$,被划分为片段 $x_q^{(1)}$ 和 $x_q^{(2)}$。令 $f()$ 表示片段上的考虑距离的数据分布函数,$g()$ 表示合并不同片段分布的函数。如果 $x_q^{(1)}$ 和 $x_q^{(2)}$ 是独立的,那么有 $g(\boldsymbol{x}_q, \tau) = \int_0^\tau \mathrm{operation}(f(x_q^{(1)}, \tau-t), f(x_q^{(2)}, t))\,\mathrm{d}t$。

先学习查询片段分布 $f()$,然后再用另一种学习函数 $g()$ 合并 $f()$ 的原因是片段分布不是独立的,所以简单地将不同片段的密度相乘会损失大量的有用信息(比如 $\int_0^\tau \mathrm{density}(x_q^{(1)}, \tau-t)\,\mathrm{density}(x_q^{(2)}, t)\,\mathrm{d}t$)。

因此,算法需要学习两种函数,针对片段级别的分布函数 $f()$ 和合并不同片段分布的函数 $g()$。函数 $f()$ 和 $g()$ 都是多层神经网络。多层神经网络可以通过拟合训练样本的真实基数来学习函数并且提供快速的估计。模型的输出是一个隐变量 z_q,也可以看作 $\boldsymbol{x}_q$ 的嵌入表示。

查询片段:查询 q 的特征向量 $\boldsymbol{x}_q$ 可以被划分为 n 个等长的片段 $\{x_q^{(1)}, x_q^{(2)}, \cdots, x_q^{(n)}\}$。每个片段的大小 $x_q^{(i)}$ 可以表示为

$|x_q^{(i)}| = \left\lceil \dfrac{d}{n} \right\rceil$,其中 d 是 $\boldsymbol{x}_q$ 的长度。

对于给定查询 $\boldsymbol{x}_q$ 的片段 $\{x_q^{(1)}, x_q^{(2)}, \cdots, x_q^{(n)}\}$,可以按照图 3.4 的方式展开图 3.2 中的模块 E_1。在图 3.2 中,E_1 使用 $\boldsymbol{x}_q$ 作为输入并且产生中间变量 z_q;在图 3.4 中,它使用查询片段 $\{x_q^{(1)}, x_q^{(2)}, \cdots, x_q^{(n)}\}$ 作为输入并且输出隐变量(可能不同)z_q。

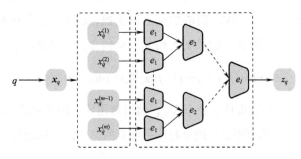

图 3.4 查询分片(改进图 3.2 中的 E_1)

更加具体地,模块包含 e_1-e_l,一共 l 层。第一层 e_1 学习每个片段 $x_q^{(i)}$ 的密度分布 [即图 3.3 中的函数 $f(\ )$];而 e_2-e_l 层学习递归片段合并操作 [即图 3.3 中的函数 $g(\ )$]。

注意:l 是一个超参数,而且所有在同一层的 e_i 都是一样的,也就是说它们共享同样的权重,包括参数矩阵 $\boldsymbol{W}$、偏差矩阵 $\boldsymbol{B}$ 和激活函数(比如都使用 ReLU)。

对于其他距离函数的支持:大多数针对特征向量相似查询的距离函数可以通过查询片段上对应的距离计算出来。接下来讨论一些基本的距离函数,包括向量 u 和 v 之间的欧氏距离(L_2 距离)、曼哈顿距离(L_1 距离),余弦距离、角度距离及汉明距离。

L_m 距离:L_m 距离可以被写作

$$\mathrm{dis}_{L_m}(u,v) = \sqrt[m]{\sum_{j=1}^{d}(u[j]-v[j])^m}$$

$$= \sqrt[m]{\sum_{i=1}^{n}\sum_{j=|u^{(i)}|(i-1)}^{|u^{(i)}|i}(u[j]-v[j])^m}$$

$$= \sqrt[m]{\sum_{i=1}^{n}(\mathrm{dis}_{L_m}(u^{(i)},v^{(i)}))^m} \quad (3\text{-}3)$$

所以,L_m 距离可以被写作每个查询片段上的 L_m 距离之和的形式。

余弦距离:余弦距离是两个向量角度的余弦值,它和欧氏距离是紧密相关的。假设输入的向量已经被正则化,那么正则的余弦距离可以被写作如下形式:

$$\mathrm{dis}_{\cos}(u,v) = 1 - \frac{uv}{|u||v|} = |u||v| - uv$$

$$= \frac{u^2+v^2-2uv}{2} = \frac{\mathrm{dis}_{L_2}(u,v)}{2} \quad (3\text{-}4)$$

所以,如果 $|u|=1$ 并且 $|v|=1$,那么余弦距离就等于欧氏距离,并且可以表示成每个查询片段上的欧式距离之和。

角度距离:角度距离是余弦距离对应的角度,它可以被表示成多个片段上余弦距离之和的形式。

$$\mathrm{dis}_{\mathrm{angular}}(\boldsymbol{u},\boldsymbol{v}) = \frac{\arccos \mathrm{dis}_{\cos}(\boldsymbol{u},\boldsymbol{v})}{\pi} \quad (3\text{-}5)$$

由于角度距离的值总是在0~1之间,所以通常会比余弦距离更加有用。

汉明距离:汉明距离可以通过两个向量(或者字符串)对应位置不匹配的元素计算出来。可以形式化表示为

$$\begin{aligned}
\mathrm{dis}_{\mathrm{ham}}(\boldsymbol{u},\boldsymbol{v}) &= \sum_{j=1}^{d} \mathrm{equal}(u[j],v[j]) \\
&= \sum_{i=1}^{n} \sum_{j=|u^{(i)}|(i-1)}^{|u^{(i)}|i} \mathrm{equal}(u[j],v[j]) \quad (3\text{-}6) \\
&= \sum_{i=1}^{n} \mathrm{dis}_{\mathrm{ham}}(u^{(i)},v^{(i)})
\end{aligned}$$

这里,$u[j]$ 表示向量 $\boldsymbol{u}$ 的第 j 个元素。因此,汉明距离也可以被表示成所有查询片段上的距离求和的形式。

此外,有限集合上的杰卡德距离可以被转化为等价的二元集合上的汉明距离。比如考虑一个全局集合 $\{a,b,c,d\}$。令 $u=\{a,b,c\}$ 以及 $v=\{a,b,d\}$,杰卡德距离是 $2/4=0.5$。u,v 也可以被分别表示成 $x_u=\{1,1,1,0\}$ 和 $x_v=\{1,1,0,1\}$,汉明距离也同样是 0.5。

值得注意的是,根据相关系数通过维度分组的查询划分方式不会优于随机划分,这是因为本书所使用的卷积网络(CNN)可以自动捕捉相关性特征。

3.3.3 数据分片

数据分片机制：数据分片的目标是将数据集 D 划分为 n 个片段 $\{D^{[1]},\cdots,D^{[n]}\}$，使得在同一个数据片段中的数据对象是相似的，而在不同的片段中的数据距离会比较远。本章介绍一种简单高效的分片方法，首先使用主成分分析（PCA）方法降低高维数据的维度，然后使用 K 均值方法将数据划分[64]。通过与局部敏感哈希[50,53,55]、DBSCAN 以及 K 均值方法进行比较，带有 PCA 降维技术的 K 均值聚类方法在准确度和效率上综合最佳。

模型结构：在数据分片之后，如图 3.1(C) 所示，估计器为每个数据片段 $D^{[i]}$ 训练一个局部模型。局部模型包括：将查询向量转化成低维嵌入编码的模块 $E_1^{[i]}(z_q = E_1^{[i]}(x_q))$，将距离阈值转化成嵌入编码的模块 $E_2^{[i]}(z_\tau = E_2^{[i]}(x_\tau))$，将使用 k 个数据样本及查询向量计算得到的 k 维距离向量转化成嵌入编码的模块 $E_3^{[i]}(z_D^{[i]} = E_3^{[i]}(x_D^{[i]}))$，以及为数据片段 $D^{[i]}$ 输出基数的模块 $F^{[i]}(\hat{y}^{[i]} = F^{[i]}(z_q \oplus z_\tau \oplus z_D^{[i]}))$。

模块 E_1 可以是将 x_q 作为输入的简单模型，如图 3.2 所示，也可以是将查询片段作为输入的改进模型，如图 3.3 所示。本章将会在 3.5.2 节讨论如何自动选择最优的超参数。

选择局部模型的全局-局部框架：数据分片机制改进了模型的准确度。可是每次都使用所有的局部模型进行代价估计的消耗会很大。直觉上,在查询的选择率比较低的时候,只有一小部分的数据片段需要被计算。因此,本书提出了一个全局-局部框架,以便能够通过训练出一个全局模型过滤掉那些不需要计算的局部模型,以便进一步提高基数估计的效率。

数据片段 $D^{[i]}$ 上的**局部模型**与图 3.1(C) 上描述的模型是相似的。细微的差别在于局部模型移除了样本距离向量 x_D,如图 3.1(C) 所示,取而代之的是图 3.5 上展示的 x_C。在这里,距离向量 x_C 表示了查询向量 x_q 和所有数据片段中心节点的距离,所以有 $|x_C|=n$(n 数据片段的数量)。移除样本距离向量 x_D 的原因是在每个数据片段中的数据分布可以比较容易被全局-局部框架模型学习。

全局模型 G 的作用是对于给定的查询向量 x_q 及一个距离阈值 τ,决定哪些数据片段可能包含和 x_q 相似的数据对象。换句话说,全局模型目标是选择那些能够产生非零估计的局部模型。

本书接下来开始介绍全局-局部框架是如何工作的。如图 3.5 所示,模块 E_4、E_5 和 E_6 分别学习查询向量 x_q、距离阈值向量 x_τ 及查询和所有数据片段中心点的距离向量 x_C 嵌入编码 z_q、z_τ 和 z_C。

全局模型 G 经过训练可以为包含与查询向量 x_q 相似的数据对象的数据片段产生相应的高概率。可以表示为 $E_6(z_q, z_\tau, z_C) = \{I^{[1]}, \cdots, I^{[n]}\}$,其中每个 $I^{[i]}(i \in [1,n])$ 是在范围 (0,1)

第3章 基于学习的相似查询基数估计

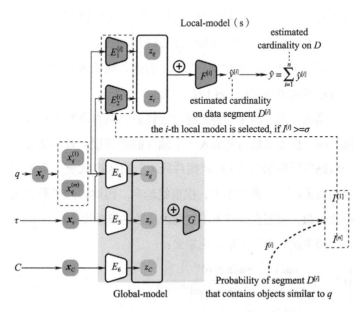

图3.5 用于相似选择查询基数估计的全局-局部模型

中的概率,表示数据片段 $D^{[i]}$ 包含和 x_q 相似数据的可能性。对于局部模型 j,如果 $I^{[j]} > \sigma$（比如 $\sigma=0.5$）,那么 $D^{[j]}$ 上的局部模型将会被计算。

损失函数：全局-局部框架的损失函数应该满足特点①首先要是连续可导的;②使损失函数最小的模型也能够让片段选择的精确度和召回率最优;③考虑每个片段上的基数大小,能够避免遗漏包含大量相似数据的片段。

首先,全局模型输出每个片段被选中的概率,第 i 个数据片段被一批训练样本中的第 j 个查询选中的概率可以被

表示为 $I^{[j][i]}$。而数据片段 $D^{[i]}$ 没有被选中的概率是 $1-I^{[j][i]}$。如果真实标签 $R^{[j][i]}=1$（即它包含相似的数据对象向量），优化目标应该是最大化 $\log I^{[j][i]}$；否则，如果 $R^{[j][i]}=0$，优化目标就应该最大化 $\log(1-I^{[j][i]})$。

其次，为了确保不要遗漏包含较多相似对象的大基数数据片段，损失函数需要加入一个额外的惩罚项。方法是给每个数据片段根据查询 j 在数据片段 i 上的基数赋予一个正则化的权重 $\epsilon^{[j][i]}$。基数越大，权重就越高。因此，为了最大化似然函数，模型会倾向于不遗漏大基数的数据片段。

损失函数由下式形式化定义：

$$\begin{cases} \epsilon^{[j][i]} = \dfrac{\text{card}^{[j][i]} - \min_i \text{card}^{[j][i]}}{\max_i \text{card}^{[j][i]} - \min_i \text{card}^{[j][i]}} \\ \mathcal{L}(\theta) = \dfrac{1}{n \times B_S} \sum_{i=1}^{n} \sum_{j=1}^{B_S} R^{[j][i]} \log(I^{[j][i]})(1+\epsilon^{[j][i]}) + \\ \qquad\qquad (1-R^{[j][i]}) \log(1-I^{[j][i]}) \\ \mathcal{J}(\theta) = -\dfrac{1}{n \times B_S} \sum_{i=1}^{n} \sum_{j=1}^{B_S} R^{[j][i]} \log(I^{[j][i]})(1+\epsilon^{[j][i]}) + \\ \qquad\qquad (1-R^{[j][i]}) \log(1-I^{[j][i]}) \end{cases} \quad (3-7)$$

其中 n 是数据片段的数量，B_S 是一批训练样本中的查询数量，$\text{card}^{[j][i]}$ 是查询 j 在数据片段 i 上的真实基数，$R^{[j][i]}$ 表示数据片段 i 是否被查询 j 选中，它的取值要么是 0 要么是 1，$I^{[j][i]}$ 是估计的概率值，它的取值在 0 和 1 之间。最小最大归一化技术被用在基数上以便能够适应不同的查询，$\min_i \text{card}^{[j][i]}$ 是查询 j 在所有数据片段上的最小基数，而 $\max_i \text{card}^{[j][i]}$ 是查询 j 在所有数据片段上的最大基数。$\mathcal{L}(\theta)$ 是相对于真实标签的似然函数。而 $\mathcal{J}(\theta)$ 是损失函数，并且最小化 $\mathcal{J}(\theta)$ 和最大化 $\mathcal{L}(\theta)$ 目标是等价的。

模型训练（算法 3.2）：全局-局部模型训练分为两个阶段。阶段 1 训练每个数据片段上的局部回归模型，这一阶段和算法 3.1 类似，因此就不再赘述。阶段 2 在所有数据片段上面训练一个全局判别网络。对于全局训练，训练集中的每个样本包括查询向量 x_q，距离阈值向量 x_τ，查询和数据集 D 的每个片段中心点之间的距离向量，以及一个二元向量指示被查询选中的数据片段。阶段 2 的训练过程如算法 3.2 所示。首先进行循环迭代训练（行 1~行 6）。对于内循环（行 2~行 6），首先获得一批训练样本（行 3），然后进行前向传播计算出估

算法 3.2　全局判别网络训练

　Input：Q_{train} 是训练集，标签 R 表示被每个查询选中的数据片段。
　Output：返回收敛的模型 model
1　**for** 训练迭代次数 **do**
2　　**for** $N <$ 训练样本批数量 **do**
3　　　$Q_{\text{batch}}, D_{\text{sample}} \leftarrow$ get-minibatch (Q_{train}, N, D)；
4　　　$I \leftarrow$ model.forward_propagate $(Q_{\text{batch}}, D_{\text{sample}})$；
5　　　loss $\leftarrow -R \log(I)(1+\varepsilon) + (1-R)\log(1-I)$；
6　　　model.backward_propagate(loss)；
7　**return** model；

计的基数（行4），接着根据输出概率和标签之间的误差计算损失（行5）并且进行反向传播更新模型参数（行6）。

3.4 支持相似连接查询

接下来本书将注意力从相似查询基数估计转移到相似连接，相似连接基数估计在实际应用中也是十分重要的。比如，如果顾客希望比较不同购物网站上同样一些商品的价格（比如，亚马逊、沃尔玛或者好市多），他们就会希望能够将不同网站上的购物车里的商品进行相似连接来获得数据融合之后商品的所有价格。

和图3.5类似，图3.6中相似连接基数估计也使用了全局-局部框架。关键不同在于对于相似连接而言，每个局部模型为所有需要这个模型的查询集合计算嵌入编码 z_Q，而非只为一条查询计算 z_q。至于一个查询集合是否需要计算该局部模型是由全局模型决定的。

本节使用图3.6作为运行示例，示例中假设查询集合 Q 包含四条查询 $\{Q^{(1)}, Q^{(2)}, Q^{(3)}, Q^{(4)}\}$ 并且数据集 D 被划分成4个数据片段 $\{D^{[1]}, D^{[2]}, D^{[3]}, D^{[4]}\}$。

全局模型：在数据集 D 上给定一个包含若干查询对象及对应的距离阈值 τ 的查询集合 Q，全局模型 G 首先为每条查询 $q \in Q$ 预测一个二元指示向量，指示可能包含和 q 距离小于 τ 的向量的数据片段。

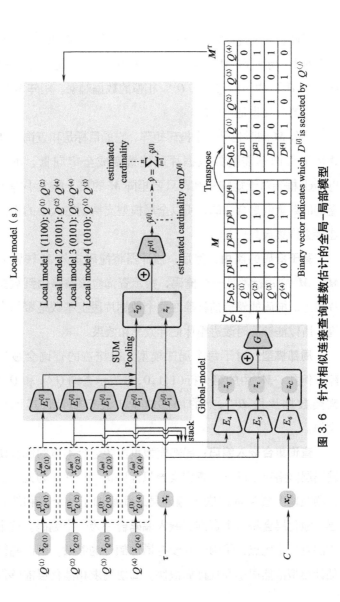

图 3.6 针对相似连接查询基数估计的全局-局部模型

因此，全局模型 G 会输出一个二维矩阵 M。例如，图 3.6 中指示矩阵 M 的第一行 $(1,0,0,1)$ 意思是数据片段 $D^{[1]}$ 和 $D^{[4]}$ 中可能包含和 $Q^{(1)}$ 相似的数据对象。矩阵 M 中其他行的含义也是类似的。

矩阵 M 同时也是一个掩码矩阵，它的目标是和查询相乘将每个查询不需要的数据片段位置变成全零向量，由于 Pytorch 框架对于矩阵相乘，只要矩阵 M 的第一维大小等于查询的数量就是合法的，所以全局模型支持动态大小的相似连接查询集合。

基于掩码的路由：然后，估计器将掩码矩阵 M 转置为 M^T，M^T 中每行都是一个掩码，指示查询应该被路由到数据片段上。掩码能够提前移除在某个数据片段上基数是零的查询，所以能够同时改进整体估计效率和效果。

局部模型：对于每个局部模型，被掩盖的查询会被移除。例如，M^T 中的第一行 $(1,1,0,0)$ 表示查询 $Q^{(1)}$ 和 $Q^{(2)}$ 需要数据片段 $D^{[1]}$ 上的局部模型 1 进行估计，其他行类似。

查询集合嵌入编码：局部模型也需要进行类似的修改使输出层网络对于同一个查询集合只需要执行一次。为此，估计器在输出层和查询嵌入编码层之间添加了一个求和池化层，池化层会将多个查询的嵌入编码合并为一个编码。这个方法有三个优点：①由于并没有增加额外的参数，所以基数估计模型依然很小而且计算很快。②使用求和池化层能够很容易将模型支持对于不同的查询集合大小及不同查询向量分布的泛化。③实验显示在原来支持单条相似查询基数估计的模型基础上修改而来的模型支持增量训练，只需要在少量的多查询集合训练样本上继续训练2～3轮就可以收敛并且获得很好的效果。

如图3.6底部所示，对于查询集合Q和数据集D在阈值是τ时的估计基数是所有局部模型估计值的和。

3.5 实现细节

3.5.1 深度神经网络细节

图3.7展示了相似查询基数估计网络的设计细节。

针对查询嵌入编码网络（E_1, E_4）：对于给定的查询特征向量x_q及它的查询片段$x_q^{(1)}, \cdots, x_q^{(m)}$，本书使用卷积神经网络学习片段分布函数$f()$及合并函数$g()$。每个卷积层包含一个过滤核和一个池化层（在图中没有显示），卷积层可以被视为一个能够适应各种不同输入片段的距离密度函数。卷积神经网络的第一层用来学习每个查询片段的距离分布函数$f()$。其他层渐进式地学习分布函数，直到最后一层输出整个查询的分布，也就是基于学习的函数$g()$。

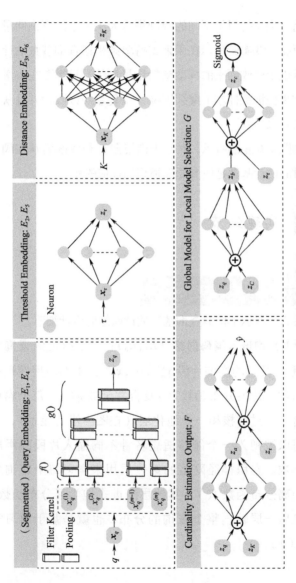

图 3.7 使用 CNN 和查询分片机制的相似查询基数估计

针对阈值嵌入编码网络（E_2, E_5）：阈值 τ 需要被转换成一个嵌入编码向量，为此本书使用一个三层（一个隐层）感知机模型来学习。此外，为了保证单调性，估计器强制所有的阈值嵌入编码的权重参数是正数，使得隐编码数值随着阈值增减而同步增减。

针对距离嵌入编码网络（E_3, E_6）：神经网络模块 E_3（或者 E_6）需要的输入是一个考虑距离的特征向量 x_D（或者 x_C），该向量表示查询和 k 个数据样本之间的距离。x_D 和 x_C 的区别是：对于前者，这 k 个数据样本是从数据集中随机采样获得[17,45]；而对于后者，这 k 个数据样本由每个数据片段的中心点组成。

对于模型 E_6，本书使用中心点的原因是同一个数据片段中的数据分布相对来说比较集中。如果一个查询和一些数据片段中的中心点（即单个片段中所有数据的均值点）很相似，那么它就很有可能和这些数据片段中的所有数据对象都比较相似。否则，这条查询就不太可能和片段中的对象相似。添加查询和片段中心点的距离特征可以有效提高模型的泛化性，这是因为根据这个特征，能够计算查询和某个数据片段中数据对象的距离上界。具体方法是使用三角不等式，令查询与片段中心点的连线作为一条边（长度 qc），片段的最大半径为另一条边（长度 qr），那么查询与该数据片段中任意一点的距离不会超过 $qc+qr$。

对于上述情况均可以采用一个包含两个隐层的多层感知机来学习。选择两个隐层的原因是考虑了模型大小和效果的妥协。对于每一层，模型都使用了 ReLU 作为激活函数[69]。

基数估计的输出层网络（F）：至此，查询编码、距离编码及阈值编码都已经被计算出来，接着可以使用两层全连接神经网络输出最后的估计基数。这两层网络中间使用 ReLU 作为激活函数，但是输出层不需要激活函数。

针对局部模型选择的全局模型网络（G）：该全局网络的目标是输出每个数据片段中包含和查询向量相似的数据对象的概率。阈值表示学习层及上层的 Sigmoid 激活函数使得输出的概率和输入的原始阈值同步增减（也就是保证了单调性）。模型在判断 0 或 1 之前输出概率的原因是要保证训练过程中的计算是可导的。

全局判别模块：前述的输出模块产生的概率向量已经考虑了查询和阈值。因此本模块主要目标是将每个数据片段上的概率离散化为 0 或 1。具体方法可以设置一个常数（比如可以是 0.5），超过这个常数的概率就判定为 1，否则判定为 0。本模块只作用于模型测试阶段及选择数据片段阶段，但是不参与模型训练，所以在图 3.7 中没有显示。

3.5.2 为局部模型中的查询编码网络选择超参数

卷积网络的超参数对于局部回归模型的性能影响是很大的，但是数据集的分布不同及数据片段的数量大都使得超参数选择十分困难，代价很高。

本节针对局部模型中的查询编码网络提出一种高效的自

动超参数选择算法,这是因为这个网络是模型中最复杂的部分。本节首先介绍所有可调的超参数,然后给出超参数选择问题的形式化定义,最后提出一种贪心的优化选择算法,减小了搜索空间,并且改进了性能。

超参数:本节介绍了一些关键的超参数供调优,这些参数包括通道数量(θ_{ch})、核大小(θ_{ker})、核扫描步长(θ_{stri})、填充大小(θ_{pad})、池化大小(θ_{pker})及池化函数(θ_{op})。本节将查询编码网络中的每一层的超参数配置写成一个元组,并且包含每一层中可调节的6种超参数。形式化定义如下:

$$\begin{cases} \Theta = \{\theta_{ch}, \theta_{ker}, \theta_{stri}, \theta_{pad}, \theta_{pker}, \theta_{op}\} \\ \theta_{ker}, \theta_{stri}, \theta_{pad}, \theta_{pker}, \theta_{ch} \in \mathbf{Z}_+ \\ \theta_{op} \in \{\text{MAX}, \text{AVG}, \text{SUM}\} \end{cases} \quad (3-8)$$

式中,$\mathbf{Z}_+$是正整数集合。

问题定义:对于给定的局部数据片段 D_i,优化目标是最小化估计基数的验证误差。形式化定义如下:

$$\hat{\Theta} = \arg\min_{\Theta} \mathcal{J}(\Theta) \quad (3-9)$$

式中,$\mathcal{J}(\Theta)$ 是在3.3.3节中定义的损失函数,函数的输入是对于查询的估计基数及真实基数。不同的是,在本节,查询编码网络的超参数(结构)是可以变化的。

基于贪心的解决方案:为了避免太多次的尝试性模型训练,本节为每个数据片段提出一个基于贪心的解决方案,如算法3.3所示。首先通过随机采样获得训练和验证样本数据的子集（行1~行2），并且之后所有的尝试都在这些子集上进行。然后随机从超参数取值范围中选择3种不同的配置（行3~行4）以便支持冷启动。接着为新的网络层选择最优的超参数，并且把新的网络层加入模型直到模型的误差不再减少（行6~行13）。对于每一层，算法都使用了3种配置作为初始配置，然后不断更新（行11）所有上述6种超参数直到收敛。最后，算法返回查询编码网络的最优超参数配置（行14）。

算法3.3 贪心法调优超参数

Input：Q_{train} 是训练集合，card 是当前局部模型上每条查询的真实基数。

Output：返回超参数配置完成的模型 model

1　$S_{train} \leftarrow \text{RandomSample}(Q_{train}, \text{card}, 1000)$；
2　$S_{validate} \leftarrow \text{RandomSample}(Q_{train}, \text{card}, 200)$；
3　$\Theta_{full} = \text{GetConfigs}()$；
4　$\Theta_{init} = \text{RandomSample}(\Theta_{full}, 3)$；
5　$\text{model} \leftarrow \varnothing, \text{error} \leftarrow \infty$；
6　$\theta, \text{error}' \leftarrow \text{SelectBestFrom}(\Theta_{init}, \text{model}, S_{train}, S_{validate})$；
7　**while** $\dfrac{\text{error}-\text{error}'}{\text{error}} \geq 0.02$ **do**
8　　　$\text{error} \leftarrow \text{error}', \text{error}'' \leftarrow \text{error}', \text{error}' \leftarrow \infty$；
9　　　**while** $\dfrac{\text{error}'-\text{error}''}{\text{error}'} \geq 0.02$ **do**
10　　　　$\text{error}' \leftarrow \text{error}''$；
11　　　　$\theta, \text{error}'' \leftarrow \text{Update}(\theta, \text{model}, S_{train}, S_{validate}, \text{error}')$；
12　　　$\text{model} \leftarrow \text{Append}(\theta, \text{model})$；
13　　　$\theta, \text{error}' \leftarrow \text{SelectBestFrom}(\Theta_{init}, \text{model}, S_{train}, S_{validate})$；
14　**return** model；

3.5.3 支持数据更新

由于 GL+高度模块化,所以模型能够支持针对数据更新的增量学习。具体来说,数据集中每个数据对象只属于一个数据片段。如果一个操作中有若干数据对象被插入或者被删除,估计器首先根据这些数据对象和每个数据片段中心点的距离,找到它们所在的最近的数据片段,然后更新该数据片段上查询的标签并且使用新的标签增量学习局部模型和全局模型。

3.5.4 支持执行计划代价估计

使用本章的方法,对于每种相似连接谓词的查询基数能够进行准确估计,并且能够指导谓词顺序选择和连接顺序选择。但是,不同的相似度函数执行代价不尽相同。鉴于 Dima 中的执行计划是一个树形结构,其中每个节点是分布式算子,所以可以使用树形长短期记忆网络(Tree-LSTM)进行建模,并且通过监督学习进行训练,最后能够端到端地进行查询计划代价估计[45]。具体方法如图 3.8 所示,使用 Tree-LSTM 对于执行计划的每个节点及结构进行建模,之后将估计的相似查询或者连接的结果行数、算子类型及样本查询结果作为特征注入模型中进行训练和预测。

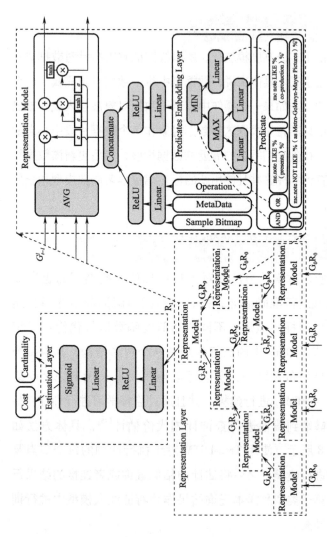

图 3.8 使用 Tree-LSTM 进行执行计划代价建模

3.6 实验验证

3.6.1 实验设置

数据集：所有使用的数据集统计信息见表 3.2，并且本章使用的数据集和已有工作类似[40]。

BMS[70] 包含各种商品信息。ImageNET[71] 包含经过 HashNet[72] 算法处理的独热编码向量。GloVe300[73] 包含单词的分布表示向量（300 维）。YouTube[74] 包含 YouTube 网站视频人脸图像原始图片。Aminer[75] 和 DBLP[76] 都使用文章[40] 提到的编码方法将出版物的名称转化为二元向量。表 3.2 中的"指标"列展示了各个数据集原始的距离度量方式，其中杰卡德距离及编辑距离都已经被转化成了汉明距离[77]（使用文献 [40] 中提到的方法）。

表 3.2 数据集

数据集	维度	数据规模	训练样本规模	测试样本规模	指标	τ_{max}
BMS	512	515 597	8 000	2 000	Jaccard	0.50
GloVe300	300	1 917 494	8 000	2 000	Angular	0.60
ImageNET	64	1 431 167	8 000	2 000	Hamming	0.90
Aminer	2 943	1 712 433	4 000	1 000	Edit	0.05
YouTube	1 770	346 194	2 400	600	Euclidean	0.15
DBLP	5 373	1 000 000	2 400	600	Edit	0.20

相似查询基数估计算法（表 3.3）：

表 3.3 实验测试的算法

序号	方法名	编码层	自动超参调优	框架	查询类型	数据分片
1	QES	CNN	No	Local	Select	No
2	Local+	CNN	Yes	Local	Select	Yes
3	GL-MLP	MLP	No	Global-Local	Select	Yes
4	GL-CNN	CNN	No	Global-Local	Select	Yes
5	GL+	CNN	Yes	Global-Local	Select	Yes
6	CardNet	VAE	No	Local	Select	No
7	Sampling	—	No	—	Select	No
8	Kernel-based	—	No	—	Select	No
9	MLP	MLP	No	Local	Select	No
10	SimSelect	—	—	—	Select	—
11	CNNJoin	CNN	No	Local	Join	No
12	GLJoin	MLP	No	Global-Local	Join	Yes
13	GLJoin+	CNN	Yes	Global-Local	Join	Yes

［本书提出的方法（行1~行5）］行1，QES使用卷积神经网络进行查询片段嵌入编码（见3.5.1节）。行2，Local+使用数据分片基数但是移除了图3.1中的全局模型（使用全局的局部模型进行估计），而且它为每个局部模型采用了自动超参数选择技术（见3.5.2节）。行3，GL-MLP使用了数据分片技术，但是没有使用查询分片，它使用全连接多层感知机学习查询嵌入编码。行4，GL-CNN既使用了查询分片技术，也使用了数据分片技术。行5，GL+使用自动超参数选择技术改进了GL-CNN（见3.5.2节）。除此之外，行2~行4

在全局损失函数中使用了惩罚项来避免遗漏大基数的数据片段。

[基线算法（行6~行10）] 行6，CardNet 是在一篇发表在 Sigmod2020 上的文章提出的最新算法[40]⊖。行7，Sampling 是一个基于采样的算法。实验中分别使用 1% 的随机样本、10% 的随机样本以及及 GL+ 模型大小相当的随机样本进行测试。对于一个查询，在随机样本上计算出实际的相似查询结果个数，然后根据采样比率放大获得估计的基数。行8，Kernel-based 方法使用高斯函数针对每个样本附近的距离密度分布建模，并且通过对所有样本的累计密度求和得到估计的基数。行9，基于深度学习的方法 MLP 使用全连接的多层感知机神经网络学习查询、距离及阈值的嵌入编码。行10，SimSelect 是最新的基于阈值相似准确查询算法[78]，它使用高效索引获得准确的结果。

针对相似连接基数估计的算法：除了 Sampling、SimSelect 和 CardNet，实验也比较了如下基于本书提出的算法的变种算法。

行11，CNNJoin 使用一个求和池化层合并查询集合中所有向量的嵌入表示，但是不适用数据分片技术。行12，GLJoin 没有使用查询分片技术，但是采用了数据分片技术。行13，GLJoin+ 同时使用了查询和数据分片技术。它继续沿用了方法 GL+ 选择的超参数。实验也参考了将相似查询基数估计方法应

⊖ 代码由作者提供。

用到查询集合中的每个向量,然后获得连接基数的方法。

查询选择:实验从数据集中随机选择一些向量组成集合作为相似查询集合 Q,然后将这个集合分成 Q_{train}(80%)和 Q_{test}(20%)两部分。对于 Q_{train} 中的每个查询 q,实验从范围 $[0,\tau_{max}]$ 中按照选择率均匀采样出十个阈值(其中 τ_{max} 是在真实查询中所能够支持的最大阈值)。为了测试方法的泛化性,测试查询集合和训练集合是不一样的,而且对于 Q_{test} 中的每条查询,实验从范围 $[0,\tau_{max}]$ 中按照选择率的几何分布采样出十个不同阈值(使得大多数查询具有较小的选择率)。典型地,训练和测试中使用的查询选择率都小于数据集规模的 1%(这一点和许多传统的相似查询研究是一致的[52,55,78])。对于每个训练集中的相似连接查询集合,实验首先从范围 $[1,100)$ 中随机选择大小 N,然后从 Q_{train} 中选择 N 个向量组成一个连接查询。同时,实验也为连接查询选择了十种不同的阈值。对于测试阶段,实验根据查询集合大小生成了三种不同的相似连接查询,查询集合大小分别在 $[50,100)$、$[100,150)$ 及 $[150,200)$ 范围内。对于每个测试连接查询集合,实验也从阈值范围中选择十种阈值。

实验实现环境:实验在一个 40 核 128GB 内存的服务器上运行,处理器型号是 Intel(R) Xeon(R) CPU E5-2630v4@ 2.20GHz。深度学习模型使用 PyTorch 1.0.1 训练,并且在测试阶段模型会被复制到 C++ 版本的实现中进行测试。基线方法(比如 Sampling)使用 C++ 实现并且使用并行计算技术来优化其效率。

默认配置：所有方法都在损失函数中添加惩罚项，并且实验-6 会和不添加惩罚项的方法进行比较。默认的训练查询数量见表 3.2，并且实验-7 变化了不同的训练集大小进行测试。对于这些数据集默认的数据分片数量是 100，实验-8 变化了分片数量进行测试。

3.6.2 测试相似查询基数估计

表 3.4 和表 3.5 展示了不同的方法在所有测试数据集上的误差。每个数据集中每个指标的最小误差在表中已标出。Mean 表示平均误差，Median 表示误差中位数，90th/95th/99th 分别表示大于 90%/95%/99% 条查询的误差。

表 3.4 相似查询基数估计测试误差

Dataset	Method	Mean	Median	90th	95th	99th	Max
BMS	GL+	2.34	1.09	2.47	4.32	19.7	111
	Local+	2.37	1.05	2.51	4.36	18.4	98.3
	Sampling(10%)	5.18	1.83	11.2	17.4	55.0	165
	GL-CNN	3.50	2.42	8.21	10.6	15.7	291
	GL-MLP	4.41	3.02	9.78	12.8	19.7	439
	QES	7.27	5.05	16.5	21.6	32.2	644
	CardNet	12.4	5.16	31.3	48.8	99.1	335
	MLP	11.2	8.03	36.8	47.7	71.0	700
	Kernel-based	12.8	8.81	29.7	39.2	59.5	135
	Sampling(equal)	12.3	7.0	31.0	41.0	74.0	111
	Sampling(1%)	19.6	13.0	55.0	66.9	74.0	200

（续）

Dataset	Method	Mean	Median	90th	95th	99th	Max
GloVe300	GL+	1.45	1.11	3.39	5.84	19.2	210
	Local+	1.51	1.29	3.44	6.05	18.8	241
	Sampling（10%）	1.67	1.20	1.86	2.36	20.0	35.0
	GL-CNN	2.11	1.46	4.79	6.39	9.60	166
	GL-MLP	2.20	1.53	5.04	6.62	10.2	208
	QES	3.57	2.46	8.37	10.7	16.1	341
	CardNet	4.78	2.20	8.71	14.0	40.2	1 099
	MLP	7.29	5.07	16.7	21.8	33.2	753
	Kernel-based	15.1	10.6	35.2	45.4	67.8	148
	Sampling(equal)	27.9	4.74	84.0	113	204	274
	Sampling(1%)	25.7	3.88	63.0	113	152	274
ImageNET	GL+	1.31	1.04	2.0	2.23	4.36	45.0
	Local+	1.35	1.14	2.11	3.13	4.12	52.3
	Sampling(10%)	2.12	1.57	2.73	3.43	15.0	26.0
	GL-CNN	1.62	1.12	3.73	4.89	7.55	71.5
	GL-MLP	1.96	1.35	4.55	5.90	8.74	142
	QES	2.45	1.71	5.67	7.41	11.1	222
	CardNet	3.07	2.0	6.02	8.48	16.4	89.4
	MLP	5.43	3.78	12.4	16.0	24.9	442
	Kernel-based	11.6	8.15	26.7	34.7	52.4	155
	Sampling(equal)	8.78	2.23	26.0	35.0	85.0	114
	Sampling(1%)	22.0	6.40	63.0	85.0	152	204

表3.5 相似查询基数估计测试误差（续表）

Dataset	Method	Mean	Median	90th	95th	99th	Max
Aminer	GL+	1.54	1.07	2.05	2.98	7.79	152
	Local+	1.61	1.12	2.36	3.01	6.46	321
	Sampling(10%)	2.41	1.72	3.90	5.26	14.2	31.0
	GL-CNN	1.83	1.27	4.21	5.39	8.38	154
	GL-MLP	3.09	2.14	7.10	9.18	14.2	290
	QES	5.22	3.63	11.9	15.4	24.4	541
	CardNet	5.45	2.05	7.59	12.9	43.1	3 526
	MLP	8.39	5.80	19.4	25.1	38.6	780
	Kernel-based	9.85	6.91	22.6	28.7	44.6	117
	Sampling(equal)	66.5	42.0	182	245	245	245
	Sampling(1%)	19.5	4.20	56.0	75.0	136	245
YouTube	GL+	1.69	1.04	2.29	3.93	13.3	98.7
	Local+	1.70	1.12	2.55	5.78	12.1	58.5
	Sampling(10%)	3.82	1.90	9.0	12.0	21.1	50.0
	GL-CNN	2.52	1.74	5.88	7.59	11.2	241
	GL-MLP	4.12	2.88	9.57	12.3	18.8	394
	QES	6.65	4.68	15.3	19.9	29.4	801
	CardNet	13.2	5.47	29.4	54.8	126	205
	MLP	9.82	5.13	34.5	45.0	67.3	1 191
	Kernel-based	10.8	7.50	25.1	32.3	49.5	102
	Sampling(equal)	14.9	9.0	37.0	50.0	50.0	50.0
	Sampling(1%)	15.4	9.0	37.0	50.0	50.0	50.0

（续）

Dataset	Method	Mean	Median	90th	95th	99th	Max
DBLP	GL+	1.49	1.05	2.31	2.88	9.22	102
	Local+	1.52	1.16	2.55	3.62	7.13	156
	Sampling(10%)	2.16	1.86	4.0	4.42	7.0	21.0
	GL-CNN	2.01	1.38	4.64	6.01	9.32	196
	GL-MLP	3.20	2.23	7.25	9.60	15.2	298
	QES	4.61	3.19	10.6	13.8	21.2	425
	CardNet	4.59	2.01	9.33	20.1	51.3	474
	MLP	4.77	3.12	14.2	26.4	38.9	1 047
	Kernel-based	5.63	3.87	12.9	16.8	26.0	54.2
	Sampling(equal)	34.2	10.5	128	128	234	234
	Sampling(1%)	9.15	4.0	21.0	38.0	70.0	70.0

实验-1：［非深度学习方法（Sampling(1%)和Kernel-based）和深度学习方法（MLP）比较。］MLP方法中的模型很小，所以实验将其与包含少量样本的采样方法进行比较。从表3.4和表3.5中可以观察到：①对于平均Q-误差，MLP方法在大部分数据集上都优于传统方法，这是因为Sampling存在"零结果"的问题，而Kernel-based无法很好地拟合数据的距离分布。②在一些数据集上（比如Aminer），Sampling(1%)和Kernel-based方法在中位数误差及最大误差指标上优于MLP，这是因为基于采样的方法能够准确估计基数较大（比如10 000）的查询。③MLP经常产

生所有方法中最大的 Q-误差极大值，这是因为 MLP 在高维数据上的泛化性能较差（e.g.，DBLP 有 5 373 维，而 YouTube 有 1 770 维）。

实验-2：[Sampling（10%样本或者与模型等量样本）方法和 GL+方法比较。]由于基于采样的方法的准确度会随着样本数量的增长而增加，实验扩充样本大小至 GL+模型的大小或者 10%的数据量大小，然后比较 Sampling 和 GL+的准确度。对于 Q-误差，表 3.4 和表 3.5 展示了 GL+可以优于 Sampling（等量）方法一个数量级，并且能够和基于更大量样本的 Sampling(10%) 方法相当。

实验-3：[没有查询分片的方法（MLP 和 CardNet）和查询分片方法（QES）。] 表 3.4 和表 3.5 显示 QES 方法优于 MLP，在数据集 BMS 上的平均误差减少近 40%，在数据集 GloVe300 和 ImageNet 上平均误差和中位误差减少超过 50%，在数据集 Aminer 上的误差减少近 40%，在数据集 Youtube 上的误差减少近 30%。QES 也在所有的数据集的平均误差上优于 CardNet。图 3.9 使用 MAPE 指标比较了这个方法的误差，显示 QES 方法在所有的数据集上依然优于 MLP 和 CardNet，这是因为卷积神经网络能够更好地捕捉查询片段的距离密度分布，并且带来更好的泛化性。

实验-4：[没有数据分片的方法（QES 和 CardNet）和数据分片方法比较（GL-MLP 和 GL-CNN）。] 表 3.4 和表 3.5 显示将数据划分成片段并且在每个片段上训练一个局部模型可以在所有的数据集上带来显著的准确性提升。对于 Q-误差，GL-CNN 优于 QES、MLP 及 CardNet。具体地，方法 GL-CNN 在数据集 Aminer 上产生了仅仅 1.83 的平均误差及 1.27 中位误差，比方法 QES 好三倍。除此之外，图 3.9 展示了平均绝对百分误差，结果和表 3.4 和表 3.5 一致。

实验-5：[局部模型使用固定配置的方法（QES、GL-MLP、GL-CNN）和使用自动局部超参数调优的方法比较（GL+）。] 表 3.4～表 3.5 展示了 Q-误差的结果，而图 3.9 展示了 MAPE 的结果。可以观察到 GL+ 方法在所有数据集，以及两种不同指标上都是最优的。针对 Q-误差指标，GL+ 方法在数据集 GloVe300、ImageNet、Aminer 及 DBLP 上的平均误差都有所减少，少于 1.6。在数据集 BMS 上，GL+ 方法比 GL-CNN 方法提升了大约 30% 的准确度。针对 MAPE，GL+ 方法在 DBLP 上的误差降低到 0.17，这是因为局部超参

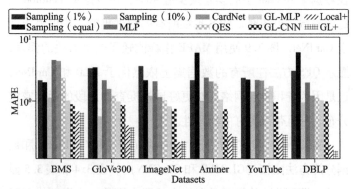

图 3.9 不同方法的平均绝对百分误差（MAPE）

数调优可以让查询编码网络模块适配不同的局部数据分布。

实验-6：[无惩罚项和有惩罚项全局模型比较。]注意，所有方法默认是在损失函数中使用惩罚项的。本组实验目标是研究这些方法的惩罚项对于数据片段的选择的影响，结果展示在图3.10中。从实验结果中可以看出，在全局模型的损失函数上添加惩罚项可以减少全局选择遗漏的结果数量。具体地，在数据集 BMS 上的遗漏结果减少近 100%，GloVe300 上减少 90%，DBLP 上减少近四倍，这是由于带有惩罚项的损失函数可以有效避免全局模型遗漏包含大量结果（基数）的数据片段。此外，精心设计的损失函数使得全局索引模型非常精确，所以 GL+方法的准确度和 Local+方法类似（如表3.4和图3.9所示）。

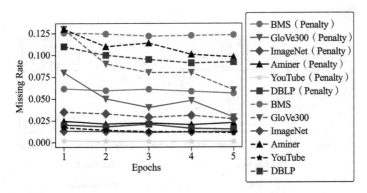

图3.10 全局模型遗漏的查询结果比例

实验-7：[不同的训练集大小。] 图 3.11 展示了方法 GL+、GL-MLP 和 QES 在数据集 BMS 和 ImageNet 上的 Q-误差是如何随着训练集规模增长而降低的。这里只展示两种数据集的原因是在其他数据集上也产生了类似的结果。从结果可以看出增加训练集大小可以增加所有基于学习的方法的准确度。其中 QES 方法的准确度在训练集从 500 条增长到 4 000 条的时候提高最明显，GL-MLP 方法在训练集从 500 增加到 3 000 的时候准确度提高最明显，而 GL+方法在训练集大小从 500 增加到 1 000 的时候准确度提高最明显。还可以观察到，训练集规模越小，GL+方法优于另外两种方法就越明显。原因是更多的训练查询有助于从更多的角度展示数据距离分布，而基于片段的 CNN 查询编码方法提高了模型从有限的训练查询中捕捉正确的数据距离分布的能力。

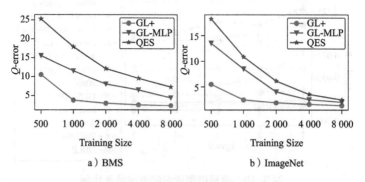

图 3.11　不同训练集规模下的误差变化

实验-8：［不同的数据片段数量。］图 3.12 中的结果显示 GL+方法在不同数据集上的 Q-误差是如何随着数据片段的增加而减少的。图片展示数据片段数量从 1 增加到 100 的时候，Q-误差减少得最明显。误差在数据集 Youtube 上降低近七倍，在数据集 BMS 上减少近四倍。这主要是由于局部模型可以在更小的数据聚类中学习到更多的细节。

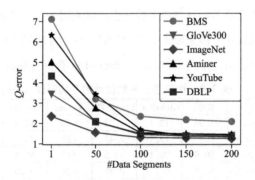

图 3.12　不同数据片段数量的平均误差变化

实验-9：［估计时间。］表 3.6 展示了在不同的数据集上不同方法估计一条相似查询基数所需要的时间。结果显示本书提出的方法在效率上比传统方法 Sampling 和 Kernel-based 有显著提高。比如，在数据集 GloVe300 上，本书提出的方法优于传统方法近一个量级。原因如下：①本书方法使用的模型非常小，参考表 3.7 可以知道 GL+中的模型在数据集 GloVe300、Aminer 和 DBLP 上甚至比 1%的样本还要小。②由于 GL+方法中的全局索引或者神经网络退出机制（dropout）作用，模型中只有一部分参数会参与到对于一条查询的估计。③神经网络计算主要由矩阵乘法计算构成，所以可以高效地利用硬件，但是 Sampling 方法则会进行大量的在线高维向量距离计算。对于传统方法，Sampling 方法比 Kernel-based 方法快很多，这是因为 Kernel-based 方法在估计基数的时候需要对每个样本进行额外的高斯函数计算。从实验结果中还能观察到 GL+方法在所有数据集上都优于 Local+方法至少五倍，这是因为对于低选择率的查询，只有几个被全局索引选中的局部模型才需要被执行。从本组实验还可以知道 GL+方法比 SimSelect 查询方法高效。

表 3.6 相似查询基数估计的平均时延（ms）

Model	BMS	GloVe300	ImageNET	Aminer	YouTube	DBLP
SimSelect	3.96	12.1	5.22	5.87	12.5	18.6
Kernel-based	10.3	15.1	6.43	125	21.3	138
Sampling(10%)	30.9	70.1	10.5	587	69.5	598
Sampling(equal)	6.78	6.77	2.31	9.56	3.26	2.55
Sampling(1%)	3.21	7.23	1.12	61.4	7.46	61.5
CardNet	0.36	0.18	0.13	0.68	0.62	0.73
Local+	1.46	1.12	0.79	5.12	2.55	3.24
GL-MLP	0.51	0.65	0.28	3.43	2.35	3.69
GL-CNN	0.35	0.21	0.15	0.81	0.49	0.55
GL+	0.33	0.22	0.13	0.80	0.53	0.57
MLP	0.14	0.11	0.046	0.18	0.15	0.27
QES	0.015	0.012	0.007	0.042	0.021	0.032

表 3.7 模型大小比较（MB）

Model	BMS	GloVe300	ImageNET	Aminer	YouTube	DBLP
Sampling(1%)	12.7	27.7	3.66	243	24.5	239
MLP	4.11	3.09	3.21	9.01	8.23	15.3
QES	0.25	0.17	0.18	0.41	0.35	0.58

（续）

Model	BMS	GloVe300	ImageNET	Aminer	YouTube	DBLP
CardNet	38.8	35.3	16.2	54.5	52.8	55.1
GL-MLP	111	106	101	176	171	203
GL-CNN	29.2	21.3	7.32	35.6	32.1	55.6
GL+	28.3	22.1	7.51	34.2	30.7	50.1
GLJoin+	30.1	21.5	9.04	35.9	31.8	59.1

实验-10：［训练及查询构建时间。］图 3.13 展示了不同数据集上基于学习的基数估计方法的训练及查询构建时间。从中可以有如下结论：第一，训练集中查询构建时间是不可忽略的。构建查询需要计算每条查询和所有数据之间的距离，因此限制训练查询的数量是很有必要的。第二，GL+方法比 CardNet 方法在训练上多花费两倍的时间，这是由于 GL+方法需要分别训练 50~100 个轻量级的局部模型。训练时间较长是离线训练获得更好的在线估计准确度的一个妥协。但是离线训练只需要执行一次，并且可以通过增量训练

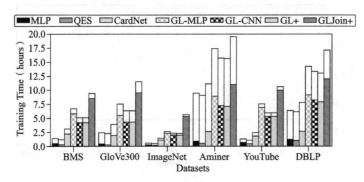

图 3.13 训练及标注时间

来支持数据更新。第三，GLJoin+方法花费最长的训练时间，这是因为一个连接查询可能包含几百个向量。最后，MLP 和 QES 方法训练很快，但是准确度较低。

实验中没有考虑数据聚类的时间，这是由于聚类只需要不到 1 min 的时间，这相对训练和查询构建来说时间是可以被忽略的。

实验-11：[数据更新。] 实验中逐渐在 GloVe300 原数据中通过 200 次更新操作插入 2 000 条记录，每次更新包含十条记录。每次更新之后会更新大约 8 000 条相关查询的实际基数并且增量训练已有模型，增量训练基于当前已经优化了的模型参数，大约花费 1~3 分钟（而重新训练所有查询会花费几个小时）。实验记录了每次更新并且增量训练之后的 Q-误差。从图 3.14 可以观察到使用增量学习机制可以让估计模型在几百次更新操作中一直保持较高的准确度。

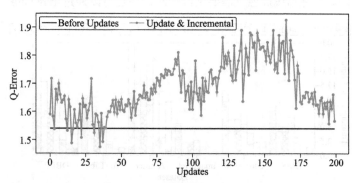

图 3.14 增量训练（GloVe300）

3.6.3 相似连接查询基数估计方法

实验-12:[准确度。]相似连接查询基数估计的比较结果在表 3.8 和表 3.9 中展示,从中可以观察到数据分片的方法仍然准确度较高。和表 3.4 中的相似查询 Q-误差相比,将多个查询使用求和池化操作绑定在一起估计的准确度比单个估计的准确度更高。这是因为求和池化操作可以保留单个查询中包含的大部分有用信息,并且多条查询的总基数的分布要比单个查询的分布更加平滑,所以也更加易于估计。从实验结果中还能看出带有数据和查询分片的模型依然是最好的。比如,GLJoin+方法在数据集 BMS、GloVe300、YouTube 及 DBLP 上要优于小样本采样方法 1~2 个数量级,并且 GLJoin+也优于 CardNet 方法 2~8 倍。

表 3.8 相似连接基数估计的测试误差(连接查询大小 $\in [50,100]$)

数据集	方法	Mean	Median	90th	95th	99th	Max
BMS	GLJoin+	1.87	1.31	4.31	5.51	8.55	174
	GL+	2.01	1.36	4.59	6.12	9.34	205
	Sampling(10%)	3.99	2.18	8.46	13.5	23.1	37.0
	GLJoin	2.51	1.72	5.78	7.56	11.5	265
	CNNJoin	5.63	3.90	12.9	16.9	26.2	508
	CardNet	8.35	5.88	19.1	25.2	37.2	857
	Sampling(equal)	19.3	2.50	15.2	40.9	302	451
	Sampling(1%)	144	3.86	451	800	1 505	2 701

（续）

数据集	方法	Mean	Median	90th	95th	99th	Max
GloVe300	GLJoin+	1.22	1.02	1.83	3.70	5.62	119
	GL+	1.36	1.03	2.14	4.08	6.23	131
	Sampling(10%)	1.18	1.13	1.38	1.46	1.69	2.06
	GLJoin	1.86	1.30	4.28	5.48	8.22	170
	CNNJoin	4.34	3.02	9.94	12.6	19.8	457
	CardNet	4.22	2.92	9.81	12.5	19.0	348
	Sampling(equal)	20.6	1.39	96.0	171	231	416
	Sampling(1%)	22.4	1.56	96.0	128	231	311
ImageNET	GLJoin+	1.31	1.03	2.91	3.79	6.02	134
	GL+	1.32	1.02	3.03	3.98	5.91	117
	Sampling(10%)	1.67	1.64	2.06	2.21	2.40	3.09
	GLJoin	2.15	1.47	4.95	6.44	10.0	192
	CNNJoin	7.39	5.15	16.9	21.9	34.9	727
	CardNet	3.09	2.11	7.23	9.28	14.0	274
	Sampling(equal)	5.57	1.73	3.04	5.67	96.2	126
	Sampling(1%)	7.38	1.73	2.90	71.0	96.2	171

表 3.9　相似连接基数估计的测试误差
（连接查询大小 $\in [50,100]$）（续表）

数据集	方法	Mean	Median	90th	95th	99th	Max
Aminer	GLJoin+	1.42	1.08	3.26	4.16	6.26	121
	GL+	1.70	1.18	3.95	5.10	7.94	171
	Sampling(10%)	2.06	1.90	2.90	3.35	4.57	5.12
	GLJoin	2.02	1.40	4.66	5.94	9.25	193
	CNNJoin	6.58	4.67	15.2	19.6	30.5	788
	CardNet	5.16	3.55	11.7	15.2	24.3	766
	Sampling(equal)	124	7.77	371	501	909	1 221
	Sampling(1%)	5.96	1.94	3.98	5.21	86.2	151

（续）

数据集	方法	Mean	Median	90th	95th	99th	Max
YouTube	GLJoin+	1.54	1.06	3.59	4.67	7.01	126
	GL+	1.61	1.12	3.73	4.87	7.39	122
	Sampling(10%)	1.82	1.32	1.95	2.46	16.0	31.0
	GLJoin	2.23	1.54	5.19	6.71	10.3	216
	CNNJoin	6.54	4.47	15.3	19.9	29.9	628
	CardNet	9.98	6.91	23.1	29.9	44.7	943
	Sampling(equal)	15.6	2.38	41.0	56.0	101	136
	Sampling(1%)	31.9	16.0	101	136	246	246
DBLP	GLJoin+	1.31	1.06	2.95	3.96	6.13	123
	GL+	1.43	1.07	3.01	4.25	6.89	111
	Sampling(10%)	2.51	1.37	6.0	6.0	16.0	16.0
	GLJoin	1.98	1.35	4.54	5.92	9.14	268
	CNNJoin	4.54	3.12	10.5	13.6	20.7	389
	CardNet	5.14	3.62	11.7	15.2	24.1	502
	Sampling(equal)	221	56.0	636	1 166	1 166	1 166
	Sampling(1%)	12.9	3.11	31.0	56.0	186	186

图 3.15 展示了 GL+ 方法对于不同大小的连接查询集合的 Q-误差和绝对均值百分误差（MAPE）。通过 Q-误差及 MAPE 的结果可以观察到基于求和池化的连接查询嵌入编码能够被泛化到不同大小的连接查询上，对于较大查询集合（包含 100~200 条查询）的性能损失依然在适当合理的范围内。这是因为求和池化操作能够在聚合的编码中包含查询集合中查询数量的动态信息。

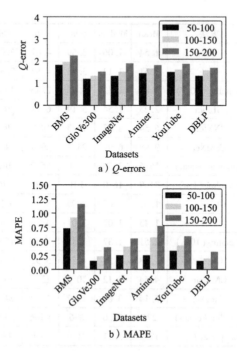

图 3.15 不同连接查询集合大小的误差变化

实验-13：[批嵌入编码和单独嵌入编码方法的比较。] 图 3.16 中展示了包含 200 条向量的查询集合的平均基数估计延时。从结果可以观察到批量估计方法 GLJoin+ 要比分别估计每条查询的 GL+ 方法要快一倍，并且更少的查询编码层数及更低的查询向量维度会使得效率差距更加明显。由于样本数量过多，Sampling(10%) 方法是最慢的。比如在 DBLP 数据集上，10% 意味着 10 万条样本，并且实验需要针对每个相似连接查询基数估计进行 100 000×200 次 5 373 维向量的距离计算。

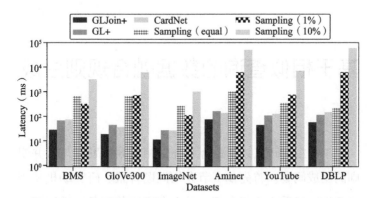

图 3.16　相似连接查询基数估计的平均时延（查询集合大小是 200）

3.7　本章小结

本章研究了将深度学习技术应用到针对相似查询的基数估计中的可行性。本章提出了两种新颖的方法来提高估计准确度并且减少训练集的规模，具体包括相似查询向量分片及数据分片。本章还提出了全局-局部框架来同时支持相似查询及相似连接的基数估计。最后，本章充分展示了在真实数据集上的实验结果，验证了本章提出的方法能够显著优于已有的方法。

第 4 章

基于相似查询的数据融合规则生成

本章主要研究数据融合系统中相似数据发现与合并规则的生成问题。首先 4.1 节介绍问题背景、研究动机及相关工作；然后 4.2 节介绍一种人在回路的框架，通过交互询问不同种类的问题来优化数据融合规则的质量，每一轮提出的问题都是通过一个问题调度框架精心选择出来的，目标是在有限的用户时间内最大化数据融合的准确度；接着 4.3 节介绍了用于不同问题对于数据融合质量提升收益估计的全局模型，以及用来减小潜在的可选问题空间的局部模型，并且研究问题选择算法存在的妥协；4.4 节设计了一种考虑相关性的问题选择方法，目标是选择高质量的问题组合；4.5 节介绍了在三个真实数据集上的实验并且显示本章提出的方法显著优于已有方法；最后 4.6 节对本章进行了总结。

4.1 引言

4.1.1 研究背景

一个典型的端到端数据融合系统一般包含如下几个阶段：①获得标注的实体匹配训练样本，训练实体匹配模型生成匹配规则，利用匹配规则进行实体聚类；②对产生的实体聚类进行纠错；③利用实体匹配信息将不同的值转化为统一的表示；④将每个实体聚类中的实体归约到同一条实体，这个实体被称作"黄金记录"。

根据 Tamr 公司在大量真实数据融合任务中的实践，用户在数据融合中需要协助完成三个任务：训练规则验证、实体聚类验证及值转换规则验证。

为了提高整个过程的效率，本章研究优化用户在实体匹配与合并中的参与这个问题，目标是通过交叉执行三种需要用户参与的任务来优化数据融合的性能。

4.1.2 研究动机

为了展示交叉进行不同任务可能带来的潜在收益，本小节首先使用示例展示当顺序执行上述步骤的时候数据融合的结果。表 4.1 一共包含 11 条分别指向四种不同真实实体的记录

(即 $\{C_1, C_2, C_3, C_4\}$)。它们指代的真实实体见表 4.2，其中 g_{C_i} 表示了实体聚类 C_i 的"黄金记录"（$i \in [1,4]$）。

表 4.1 原始数据表 $\mathbb{D}$

	ID	Name	Address	Zipcode
C_1	r_1	MIT Electrical Engineering and Computer Science	50 Vassar St, Cambridge, MA	02142
	r_2	MIT Electrical Engineering and Computer Science	50 Vassar St, Cambridge, MA	02142
	r_3	MIT EE and CS	50th Vassar St, Cambridge, MA	02142
C_2	r_4	Harvard Electrical Engineering	29 Oxford St, Cambridge, MA	02138
	r_5	Harvard Electrical Engineering	29th Oxford St, Cambridge, MA	02138
	r_6	Harvard EE	29 Oxford St, Cambridge, MA	02138
C_3	r_7	Harvard Computer Science	29 Oxford St, Cambridge, MA	02138
	r_8	Harvard CS	29th Oxford St, Cambridge, MA	02138
C_4	r_9	Harvard Cognitive Science	8 Brattle St, Cambridge, MA	02139
	r_{10}	Harvard CS	80 Brattle St, Cambridge, MA	02139
	r_{11}	Harvard CS	80 Brattle St, Cambridge, MA	02139

表 4.2 数据表 $\mathbb{D}$ 对应的"黄金记录"

	Name	Address	Zipcode
g_{C_1}	MIT Electrical Engineering and Computer Science	50 Vassar St, Cambridge, MA	02142
g_{C_2}	Harvard Electrical Engineering	29 Oxford St, Cambridge, MA	02138
g_{C_3}	Harvard Computer Science	29 Oxford St, Cambridge, MA	02138
g_{C_4}	Harvard Cognitive Science	80 Brattle St, Cambridge, MA	02139

例 4.1（顺序执行方法的缺陷）：在实际应用中，不同

的数据融合项目一般会依次执行这些需要用户参与的任务（具体的顺序可能不同）。

（1）实体匹配（Entity Matching，EM）→数据转换（Data Transformation，DT）→实体合并（Entity Consolidation，EC）。图 4.1a 展示了执行过程产生的结果。

实体匹配：首先询问一个训练规则生成问题（比如，如果 Jaccard（Address）≥ 0.5，就判断为匹配），然后将符合这条规则的所有候选实体对当作训练数据，并且训练实体匹配判别模型。根据实体匹配模型，可以获得三个实体聚类 $\{C_1', C_2', C_3'\}$。（为了便于展示，实例中实体匹配只使用简单的匹配规则实现，而现实中这些匹配规则应该通过模型学习获得。）从结果可以看出，即使记录 $\{r_4, r_5, r_6\}$ 和记录 $\{r_7, r_8\}$ 指代不同的真实实体，实体匹配也错误地将它们聚类到了一起。

实体转换：然后再询问三种数据转换问题，比如"EE→Electrical Engineering？"，并且根据答案更新记录值。

实体合并：如图 4.1a 所示，经过上面的步骤，实体合并生成了三个实体聚类对应的"黄金记录"。不幸的是，这种执行顺序会遗漏一条"黄金记录"，也就是表 4.2 中的 g_{C_3}。

（2）实体转换（DT）→实体匹配（EM）→实体合并（EC）。这种执行顺序如图 4.1b 所示。

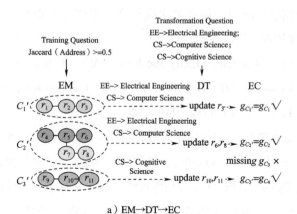

a) EM→DT→EC

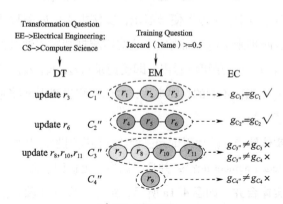

b) DT→EM→EC

图 4.1 顺序执行方法（r_i：记录，g_{C_i}：实体聚类 C_i 的"黄金记录"）

实体转换：首先询问两种数据转换问题，并且根据答案将记录 $r_3, r_6, r_8, r_{10}, r_{11}$ 中的 CS 转换成 Computer Science。但是 CS 在聚类 C_1 和 C_3 中应该被转换成 Computer Science，而在聚

类 C_4 中应该被转换成 Cognitive Science。可是，如果没有正确的实体聚类，就很难选择合适的数据转换规则应用到实体上。这样，记录 r_{10}，r_{11} 中的 CS 就被错误地转换成了 Computer Science。

实体匹配：然后询问一种训练集生成问题并且训练实体匹配模型获得四种实体聚类 $\{C_1'', C_2'', C_3'', C_4''\}$。

实体合并：由于记录 r_7, r_8, r_{10}, r_{11} 被错误地划分到了同一个聚类 C_3'' 中，实体合并也会产生一个错误的"黄金记录" $g_{C_3''}$（既不是 g_{C_3} 也不是 g_{C_4}）。并且，"黄金记录" $g_{C_4''}$ 和 g_{C_4} 的地址值也不同。

本书接下来使用示例展示相比较于顺序询问问题而言，交叉询问问题能够获得潜在收益。

例 4.2（交叉询问问题的优势）：图 4.2 展示了这种方式。

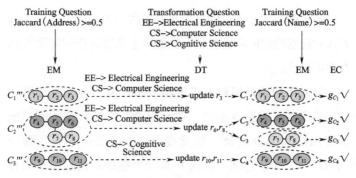

图 4.2　交叉询问问题

实体匹配：首先询问一种训练集生成规则，验证之后训练出实体匹配模型，并且产生了三个实体聚类 $\{C_1''', C_2''', C_3'''\}$。

实体转换：然后根据实体聚类 C_1'''，询问两种数据转换问题："EE → Electrical Engineering" 和 "CS → Computer Science"。

实体匹配：接着再次询问训练集生成问题，在转换之后的数据上进行实体匹配。这样，实体 $\{r_4, r_5, r_6, r_7, r_8\}$ 会被分成两个实体聚类 $\{r_4, r_5, r_6\}$ 及 $\{r_7, r_8\}$，分别指代表 4.1 中实体 C_2 和 C_3。

实体合并：由于实体匹配产生了正确的实体聚类，实体合并也能够生成正确的"黄金记录"。

上面的示例说明了传统的通过依次执行不同任务进行数据融合的方法对于用户参与代价来说不是最优的，所以迫切需要研究从整体上优化数据融合中用户参与的相关技术。

现实中除了上述示例之外有很多用户参与的方式，不同方式对应着特定的问题类型，从整体上调度这些问题面临两个主要挑战：

（1）如何估计问题的代价和收益？由于事先不知道问题的答案并且缺乏真实的"黄金记录"来计算询问问题能够带来的"黄金记录"质量提升，所以量化不同问题的"收益"（"黄金记录"质量）是一个挑战。此外，不同种类的问题由于具有不同的优化目标，所以它们的收益不可比较。例如，训练集生成规则问题及实体聚类验证问题目标是改进实体匹配质量，而数据转换问题主要是将不同的数据值转换成同一种形式。由于不同的问题需要的用户响应时间是不同的，所以需要同时考虑收益和代价并对这些问题进行排序。

（2）如何选择"高质量"的问题？由于存在大量可能的问题提问序列方案，枚举所有顺序并且计算收益和代价并从中选出最优是十分昂贵的。此外，问题可能是有相关性的，而枚举所有的相关组合的计算成本会更高。

4.1.3 相关工作

实体匹配：实体匹配算法大致可以分为三类：基于相似度规则[18,79]、基于机器学习[1,80]，以及基于众包[81-84]的方法。第一种使用预先设定的规则来计算匹配的实体对。第二种通过训练一个机器学习模型来生成匹配规则并且寻找匹配的实体对。第三种利用用户的反馈来计算匹配的实体对。

数据转换：目前也有很多关于不同数据类型的数据转换的研究，比如数值型数据、类别型数据及字符串数据[85-91]。它们主要研究如何利用不同的技术产生数据转换的规则，比如程序概要技术。

实体合并：传统的实体合并算法首先生成记录的聚类，

然后为聚类解决冲突，最后为每个属性产生统一的值[92-98]。

由于本章提出的框架主要目标是如何选择上述交叉过程执行的顺序，对于每个具体步骤，可以利用任何已有的方法进行，所以本书的研究和上述相关工作是正交的。

整体数据融合：AnHai 等人[99]指出，在实际应用中，数据融合经常是一个用户交互的过程，所以紧密依赖于人在回路的过程。这就要求在目前的数据融合方案上延伸出更具有表达能力的用户接口（或者是问题），以便让系统能够和用户进行高效的交互。他们在文章[79]中的初步研究第一次尝试了这个方向，他们研究如何通过用户的眼球移动来改进规则或者清洗数据。

本章的工作在上述研究基础上迈出重要一步，在端到端数据融合管道的每个环节设计不同的问题（丰富的用户接口），并且提出一种智能的问题调度框架（高效交互）来获得用户反馈并且高效利用。

4.2 整体数据融合

本节首先介绍术语及问题定义（4.2.1 节）；然后正式定义三种用户问题（4.2.2 节）；接着概要介绍整体的数据融合框架（4.2.3 节）；最后，本节展示了一种估计用户回答问题时间的代价模型，代价模型通过用户研究获得（4.2.4 节）。常用符号及其描述见表 4.3。

表 4.3　符号表

符号	描述
$q_T(\mathbb{Q}_T)$	训练集生成规则验证问题（集合）
$q_C(\mathbb{Q}_C)$	实体聚类纠错问题（集合）
$q_R(\mathbb{Q}_R)$	实体转换问题（集合）
$\mathbb{Q}$	$\mathbb{Q}=\mathbb{Q}_T\cup\mathbb{Q}_C\cup\mathbb{Q}_R$
$\mathbb{Q}^*$	$\mathbb{Q}^*\subset\mathbb{Q}$：选中的问题集合
$\mathcal{B}(q)$	询问问题 q 获得的收益
$\mathcal{C}(q)$	询问问题 q 的代价

4.2.1　初步介绍

考虑一个来自不同数据源的表格集合 $\{D_1,D_2,\cdots,D_m\}$，假设这些表格包含的实体来自同一个值域，并且已经完成了属性对齐和格式匹配。令 $\mathbb{D}$ 表示这个表格的合集。本章目标是从 $\mathbb{D}$ 中找出包含重复记录的聚类，并且为每个聚类计算出一个统一的记录（也就是"黄金记录"）。

定义 4.1：（黄金记录）给定关系表 $\mathbb{D}$，黄金记录（Golden Record，GR）问题的目标是①找出包含重复记录的实体聚类集合；②为每个聚类计算一条黄金记录。

黄金记录一般可以通过三步操作获得：寻找实体聚类（实体匹配），将不同形式的属性值变量转化为同样的形式（数据转换），并且将它们合并成统一的表示形式（实体合并）。

实体匹配：实体匹配模型决定两条记录是否指代同一个

真实实体。本章假设实体匹配通过基于机器学习的方法实现（系统中使用成熟的随机森林分类器[1]作为实体匹配模型）。随后匹配的记录根据传递性或者聚类算法被划分到同一个聚类中。

数据转换：同一个实体记录可能包含不同的值，本章使用转换规则[100]将不同值转换成统一的形式，比如转换 CS 为 Computer Science。

实体合并：给定一个聚类，实体合并为每个实体聚类计算一个统一的记录。可以使用诸如多数投票或者根据答案来源可靠性估计的方法来解决冲突，并且发现真值[94-95,101-104]。

定义 4.2（黄金记录的准确度）：黄金记录的准确度是指所有记录中黄金记录计算正确的比例。

例 4.3（实体匹配）：假设实体匹配中使用四条匹配对作为训练数据：$\{r_1,r_3\}$，$\{r_4,r_6\}$，$\{r_7,r_8\}$，$\{r_9,r_{10}\}$，并且实体匹配训练模型生成的规则产生了三个实体聚类：$\{r_1,r_2,r_3\}$，$\{r_4,r_5,r_6,r_7,r_8\}$，$\{r_9,r_{10},r_{11}\}$。

[数据转换] 它将 EE 和 CS 分别转换成 Electrical Engineering 和 Computer Science。

[实体合并] 考虑表 4.2 中的聚类 $\{r_1,r_2,r_3\}$，实体合并产生黄金记录 g_{c_1}。

[黄金记录] 表 4.1 展示了包含 11 条记录的数据表 $\mathbb{D}$。表中有四个实体聚类（使用不同颜色标注）。表 4.2 展示了不同聚类对应的黄金记录。

[黄金记录准确度] 本章使用精确度（precision）和召回率（recall）来评价黄金记录的质量。图 4.1b 中，黄金记录的精确度分别是 1 和 $\frac{2}{4}$，黄金记录的召回率分别是 $\frac{3}{4}$ 和 $\frac{2}{4}$。

4.2.2 用户参与的操作

实体匹配和实体合并都依赖于大量的用户参与来获得高质量的结果。本章主要考虑三种用户交互问题。

1. 训练集生成规则验证

通常有两种方法可以获得实体匹配需要的训练集：①询问用户一个实体对并获得标签；或者②让用户验证一条简单的匹配（不匹配）规则。例如，"如果姓名属性值的杰卡德相似度大于等于 0.8，那么实体被判定匹配"是一条可以被验证的规则，并且表 4.1 中包含五个符合这个规则的实体对 $\{r_1, r_2\}$、$\{r_4, r_5\}$、$\{r_8, r_{10}\}$、$\{r_8, r_{11}\}$、$\{r_{10}, r_{11}\}$。为了方便展示，本章认为验证单个实体对是一种特殊的验证规则。

训练集生成规则验证：一个匹配（或者不匹配）的问题 q_T 是一条 "if-condition-then-match（non-match）" 的子句。给定一个规则，用户被询问是认可还是拒绝这条规则。比如，

"如果 Jaccard(Name)≥0.5，那么就匹配"是一条匹配规则，"如果 Jaccard(Address)≤0.1，那么就不匹配"是一条不匹配规则。为了帮助用户更好地理解一个训练集生成规则，本章提出的框架将规则和一些符合规则的样本（比如十个实体对）结合起来呈现给用户。系统使用两种方式生成样本：随机采样或者分层采样。前者随机地从符合条件的实体对中随机抽取，而后者根据规则中的相似度函数对不同阈值范围分层抽取，比如，根据（0.5,0.6]、（0.6,0.7]、（0.7,0.8]、（0.8,0.9]、（0.9,1.0]这五个阈值范围中的实体对数量决定采样比例。本章使用 q_T 表示一条训练集生成规则，使用 Q_T 表示一个训练集生成规则。

训练集生成规则应用：当一条训练集生成规则被用户认可，相应的满足规则的实体对会被加入训练集中并且实体匹配模型也会进行增量学习纠正参数。

训练集生成规则的产生：训练集生成规则可以通过手动设定或者一些成熟算法[18-19]生成（单个实体对验证规则可以通过主动学习（active learning）生成），由于两种方法产生的规则可能都不正确，所以用户对于数据对规则进行检查是非常重要的。

例 4.4：表 4.4 中展示了三种训练集生成规则示例。规则"如果 Zipcode 相同，实体就匹配"会将所有 Zipcode 属性相同的实体放入训练集正例中。

表4.4 训练集生成规则验证问题

训练规则	示例	用户反馈
If Jaccard(Name) ≥ 0.5 match	$(r_1,r_2),(r_4,r_5)$	认可
If Jaccard(Address) ≥ 0.5 match	$(r_1,r_2),(r_3,r_4),(r_5,r_6)$	认可
If same Zipcode match	$(r_1,r_2),(r_3,r_4),(r_7,r_8)$	认可

2. 实体聚类验证问题

实体匹配的误差可能会产生错误的实体聚类，用户需要对错误严重的聚类进行纠错。由于使用了传递性，如果两个实体有公共的匹配实体，那么这两个实体也被判定为匹配，这可能会导致匹配的精确度下降，进而导致同一个实体聚类中实际包含多个不同的真实实体，这种错误需要通过用户拆分聚类来纠正。

实体聚类验证问题：此类问题被表示为 q_c，每个问题包含一个实体聚类。该问题询问用户：聚类中的实体是否都指向同一个真实实体。如果是，用户认可这个实体聚类；如果不是，那么用户被请求通过标记将该实体聚类分成若干子类 $C_1,C_2,\cdots,C_y$，使得在子类中的实体都指向同一个真实实体。本章使用 $\mathbb{Q}_c$ 表示一个实体聚类问题的集合。

实体聚类问题的应用：如果一个实体聚类被用户认可，那么聚类中的每一个实体对都被看作匹配的并且被加入训练集加强实体匹配模型；反之，被切分之后每个子类中的实体对可以被当作训练集正例来强化实体匹配模型的训练，而不同子类之间的实体对则可以被当作训练集反例纠正实体匹配模型。

实体聚类问题的产生：所有通过实体匹配生成出来的实体聚类都可以被看作一个实体聚类问题。实际上，聚类一般不会很大，通常只有十条记录左右。对于长尾的大聚类，也可以通过层次聚类方法进行处理：给定一个大的聚类，首先将它分成 x 个小聚类，如果每个子类依然大于 x，则继续递归地切分。在构建了层次结构之后，可以选择叶子节点作为实体聚类问题询问用户。如果一个叶子节点上的聚类被认可，除了将所有实体对加入训练集正例之外，还将删除这个叶子节点并且保留一个具有代表性的实体（多数）传给父亲节点；否则，拆分这个子类并且添加正例和反例到训练集，同时删除这个子节点。递归选择叶子节点作为问题直到层次结构变为空。大聚类问题的计算代价可以通过层次结构中节点数量及每个节点代价的乘积计算出来。

例 4.5：表 4.5 中展示了三种聚类验证问题。考虑图 4.2 中的聚类 $\{r_4, r_5, r_6, r_7, r_8\}$。用户能够区分出地址 Harvard Electrical Engineering 和 Harvard Computer Science 的区别，并且将聚类切分成两部分：$\{r_4, r_5, r_6\}$ 和 $\{r_7, r_8\}$。随后匹配的实体对 $(r_4, r_5), (r_4, r_6), (r_5, r_6), (r_7, r_8)$，以及不匹配的实体对 $(r_4, r_7), (r_4, r_8), (r_5, r_7), (r_5, r_8), (r_6, r_7), (r_6, r_8)$ 被用作训练集，并且系统对实体匹配模型进行增量训练。

表 4.5 聚类验证问题

实体聚类	用户反馈
$\{r_4, r_5, r_6, r_7, r_8\}$	错误：$\{r_4, r_5, r_6\}$；$\{r_7, r_8\}$
$\{r_4, r_5, r_6\}$	正确
$\{r_1, r_2, r_3\}$	正确

3. 数据转换规则验证问题

本章使用转换规则[100]把同一个实体聚类中的不同属性值变一致并且提高"黄金记录"的质量。

转换规则验证问题：一个转换规则问题形如 $v \rightarrow v'$。比如表 4.6 中展示的转换规则。#th→#将带有 th 后缀的数字转化成单纯的数字。比如，在实体 r_3 中 50th 被转换成 50，在实体 r_5 和 r_8 中的 29th 被转换成 29。数据融合系统会询问用户是否应该将 v 转化成 v'。为了帮助用户更好地理解转换规则，系统还会展示带有值 v 的实体给用户，然后用户会根据这些样例决定是否将 v 转化成 v'。本章使用 q_R 表示一条数据转换规则，使用 $\mathbb{Q}_R$ 表示一个数据转换规则问题集合。

表 4.6 数据转换规则问题

转换规则	示例	用户反馈
#th→#(# is a numerical value)	r_3, r_5	认可
EE→Electrical Engineering	r_3, r_6	认可
CS→Computer Science	r_3, r_8	认可

转换规则问题的应用：给定一条转换规则 $v \to v'$，如果规则被认可，那么就将所有的实体中的 v 转换到 v' 并且更新数据表 $\mathbb{D}$。

转换规则问题的产生：本章利用已有的考虑用户代价的转换规则生成技术来产生转换规则问题[100]。在这里将简要介绍这个技术的基本原理，读者也可以阅读引文[100]获得更多的细节。一种简单的生成方法是枚举一个实体聚类中一个属性的所有不同值构成的值对 (v, v')，对于每一个值对 (v, v')，计算包含这个值对的实体聚类数量。接下来，选择频度较高的值对作为转换规则。另一种更加有效的方式是对齐字符串并且考虑片段级别的转换规则。比如，首先将属性值切分为一个片段序列，然后计算最长公共子序列（LCS），并且使用 LCS 对齐这些片段。

例 4.6：考虑聚类 r_1，r_2，r_3 中的 Address 属性。对齐之后的元素序列是

"50 | Vassar | St | Cambridge | MA"

"50 | Vassar | St | Cambridge | MA"

"50th | Vassar | St | Cambridge | MA"

因此（50th，50）是一个对齐的值对，并且 50th→50 是一条可能的转换规则。类似的，（29th，29）也是一个对齐的值对。这两种值对可以合并成一种正则表达式[100]并且可以使用同一种转换规则#th→#来概括。

4.2.3 优化用户参与的代价

上述的三种问题（训练集生成规则验证问题/实体聚类验证问题/数据转换规则验证问题）的数量会十分巨大而导致系统无法询问所有的问题，所以本章提出一个"人在回路"的框架来精心选择收益最大的问题进行询问。图4.3展示了框架的流程图。这个框架的核心在于，不同问题可能会以任意一种顺序被调度，并且每个问题被回答之后会重新计算实体聚类或者实体转换。

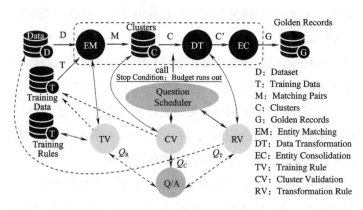

图 4.3 整体数据融合架构

（1）**匹配算法**。系统首先训练一个实体匹配模型并且在数据表 $\mathbb{D}$ 上运行这个模型来产生很多实体聚类。在每个聚类中，如果存在一些转换规则，就可以使用它们进行记录更新。紧接着可以运行实体合并算法为每个实体聚类生成一条

"黄金记录"。(例如,利用多数投票算法从属性值中选出"黄金记录")。但是在这个流程之前,系统需要一些训练数据进行冷启动,而这些训练数据是通过一些置信度很高的训练集生成规则产生的。本章将会在 4.3.2 节讨论如何选择训练集生成规则。

(2) **问题生成**。$\mathbb{Q}_T$、$\mathbb{Q}_C$ 和 $\mathbb{Q}_R$ 问题集合是通过 4.2.2 节描述的生成算法产生的。令 $\mathbb{Q} = \mathbb{Q}_T \cup \mathbb{Q}_C \cup \mathbb{Q}_R$ 表示所有可能的问题集合。

(3) **迭代问题调度**。在调度过程中,系统不断地从三个问题集合中选择问题并且询问用户获得答案。训练生成规则验证问题 q_T 和实体聚类纠错问题 q_C 会扩充训练集数量来让实体匹配模型进行增量训练;而数据转换规则验证问题则会更新数据表 $\mathbb{D}$ 使得指代同一个实体的记录变得更加相近。然后,根据抽取的训练数据和更新之后的数据集,重新执行机器算法来计算"黄金记录",并且更新三个问题集合 $\mathbb{Q}_T$、$\mathbb{Q}_C$ 及 $\mathbb{Q}_R$。迭代调用这个过程直到代价超过预算。

优化目标:给定一张实体关系表 $\mathbb{D}$ 和一个预算值 B,目标是选出一个问题序列 $\mathbb{Q}^* = \langle q_1, q_2, \cdots, q_B \rangle$ 使得询问这些问题之后能够让"黄金记录"的质量提升最大。这里 q_i 指代训练集生成、实体聚类或者数据转换问题。

一种暴力的问题调度方法是枚举 $\mathbb{Q}$ 的所有大小为 B 的子序列,计算询问这个子序列能够帮助"黄金记录"在质量上获得多少提升,然后选出一个收益代价比最高的问题子序列。可是这种方法有很多限制：

限制 1：问题序列枚举。枚举 $\mathbb{Q}$ 的所有大小为 B 的子序列代价是非常昂贵的。

限制 2：实体合并质量的计算。实体合并质量的计算。计算一个问题序列能带来的实体合并质量提升是很困难的，因为①无法提前知道每个问题的答案，并且②实体合并的真实形式是未知的。

限制 3：问题之间可能是有相关性的。问题之间可能是有相关性的。询问一个问题可能会影响实体聚类及实体合并，进而影响到其他问题的选择。所以 $\mathbb{Q}$ 集合会在问了一些问题之后动态改变。在问题选择过程中，首先选择一些问题进行提问，之后利用反馈计算出对于匹配质量和实体合并质量提升的估计，然后决定如何选择接下来的问题，而不是选择一个固定的问题集合进行一次性询问。

为了解决上面的限制，本章提出了一种基于估计的迭代方法，基本思想是每一轮只选择 b 个问题，然后利用用户反馈估计每个问题（或者问题集合）的收益，然后利用估计的收益再选择 b 个问题（本章之后将会讨论如何选择一个合适的 b）。通过多轮迭代，可以动态选择收益最高的问题进行询问。

问题调度框架：算法 4.1 展示了问题调度算法的伪代码。

算法 4.1　问题调度

Input：关系表 D，训练规则集合 $\mathbb{Q}_T$
Output：D 的黄金记录集合 G
1　ColdStart( )；
2　**while** $B > 0$ **do**
3　　BenefitInference($\mathbb{Q}$)；
4　　$\mathbb{Q}^b$ = QuestionSelection($\mathbb{Q}$)；
5　　询问 $\mathbb{Q}^b$ 中的问题；
6　　$\mathbb{Q}$ = MachineAlgo($\mathbb{Q}^b$)；
7　　$B = B - b$；

Function MachineAlgo

Input：关系表 D，$\mathbb{Q}^b$
Output：$\mathbb{Q}_T$，$\mathbb{Q}_C$，$\mathbb{Q}_R$
1　根据问题 $\mathbb{Q}^b$ 的答案训练/更新实体匹配模型；
2　根据实体匹配模型计算实体聚类；
3　使用基于实体聚类的实体合并算法产生黄金记录；
4　计算 $\mathbb{Q}_T$、$\mathbb{Q}_C$ 和 $\mathbb{Q}_R$；

（1）**初始化步骤**。它首先训练一个实体匹配模型并且生成一个问题集合 $\mathbb{Q}$（行 1）。

（2）**收益推断**。它估计 $\mathbb{Q}$ 中问题的收益和代价（行 3）。本章之后将会具体介绍如何计算收益和代价。

（3）**问题选择**。它选择 b 个问题 $\mathbb{Q}^b$（行 4）。

（4）**机器算法**。它询问 $\mathbb{Q}^b$ 中的问题，将反馈输入机器算

法来计算黄金记录,并且更新问题集合 $\mathbb{Q}$(行 5~行 6)。[○]

讨论:很显然当 b 很小的时候,这个算法可以枚举所有大小为 b 的子集合;但是它可能会忽略问题之间的相关性。如果 b 很大,由于子集合空间很大,所以枚举所有大小为 b 的子集合是不可能的。为了解决这个问题,本章首先在 4.3 节考虑 $b=1$ 的简单情况,然后在 4.4 节讨论如何支持 $b \geqslant 2$ 的情况。

4.2.4 用户反馈代价模型

由于本章提出的框架是以获得用户的反馈为中心的,所以需要估计用户参与的代价。由于不同种类的问题会花费不同的回答时间(称作代价),所以衡量不同问题的代价是很重要的。本小节首先定性比较不同问题的代价,然后提出一个基于用户研究得出的量化模型来估计代价。

(1)**训练集生成规则验证问题**。假设每条训练规则问题 q_T 包含 $|q_T|$(比如,10)个实体对样本并且用户检查一个实体对会花费一个单位时间,那么用户检查一个训练规则问题需要 $|q_T|$ 个时间单位。可是,由于大部分满足一条规则的实体对都是很相似的,所以用户也不用一条一条地检查,

---

○ 系统使用通用的分块(blocking)技术生成候选匹配对,并且每次迭代不必更新候选对,只需要使用更新的实体匹配模型重新并行地计算匹配对即可。

用户可以一次检查多个实体对,并且这样训练集规则问题 q_T 的回答代价会小于 $|q_T|$。

(2) **实体聚类纠错问题**。一个聚类问题可能覆盖很多条记录,用户被请求检查所有的记录并且将它们分成多个子类。在最差情况下,聚类被分成很多子类,这个时候问题代价是问题聚类 q_C 中记录条数的平方(也就是 $|q_C|^2$)。在最好情况下,聚类是正确的不需要被拆分,这时的问题代价和 $|q_C|$ 线性相关。

(3) **数据转换规则验证问题**。给定一个数据转换规则验证问题,用户会检查问题中包含的实体样本来决定是否要应用当前的规则。由于大多数在问题中的记录都属于不同的实体聚类,它们的形式也是多种多样的,所以用户需要一条一条地检查这些记录。因此问题代价和问题中包含的记录数量线性相关(也就是 q_T)。

代价模型:根据上面的观察和讨论,本章提出一种估计问题代价的代价模型,这样的代价模型也可以被看作一些和问题大小相关的函数。系统通过开展一系列的用户研究来确定代价模型的具体形式。具体地,对于每种问题,选择包含 1~100 条记录的问题。对于每种问题大小,又选择了 100 个不同的问题,并且将每个问题分发给十位不同的学生。通过记录回答问题的时间,将平均值作为回答当前问题的代价。在尝试了不同的模型,比如线性分布、多项式分布、指数分布及对数分布之后,本章为每种问题选择了一套最合适的模型和参数来估计用户参与的代价。根据用户研究实验结果,可以发现使用如下对数函数拟合训练集生成规则验证问题的代价最佳。

$$C(q_T) = 8 \log_e(|q_T|+3) - 10 \quad (4\text{-}1)$$

使用如下二次多项式拟合实体聚类纠错问题的代价最佳。

$$C(q_C) = \frac{|q_C|^2}{100} + \frac{|q_C|+1}{5} \quad (4\text{-}2)$$

使用如下线性分布拟合数据转换规则验证问题的代价最佳。

$$C(q_R) = \frac{|q_R|+0.5}{1.5} \quad (4\text{-}3)$$

在实验中,真实用户回答时间和使用代价模型计算出来的代价的误差小于5%。其他复杂的代价模型也可以被用在本章提出的框架中,并且作为未来研究工作的一部分。

4.3 每轮迭代选一个问题

本小节首先定义一种收益模型来评估通过询问问题获得的数据合并质量的提升,然后介绍在每次迭代中选择一个收益代价比最高问题的方法。而每次选择多个问题的方法,将在 4.4 节介绍。

4.3.1 全局收益模型

如果一个问题的回答帮助系统获得更加正确的"黄金记录",那么就可以认为这个问题带来了收益。如果在询问问题之前正确的"黄金记录"有 x 条,而询问问题并且重新计算数据融合之后正确的有 y 条,那么这个问题的收益就是 $y-x$。计算收益面临两个挑战:

(1) 问题的答案无法提前获知。为了解决这个问题,系统需要枚举所有可能的回答,然后计算每种答案可能出现的概率及每个问题的期望收益。正式地,给定一个问题 q,令 $\{a_1, a_2, \cdots, a_n\}$ 表示 q 可能的答案集合,$\mathcal{P}(q=a_i)$ 表示 q 的答案是 a_i 的概率,并且 $\mathcal{B}(q=a_i)$ 表示 q 的答案是 a_i 时带来的收益。这样,每个问题的期望收益可以被计算为

$$\mathcal{B}(q) = \sum_{i=1}^{n} \mathcal{P}(q=a_i) \mathcal{B}(q=a_i) \qquad (4\text{-}4)$$

本节稍后将讨论如何计算 $\mathcal{B}(q=a_i)$ 和 $\mathcal{P}(q=a_i)$。

(2) 正确的"黄金记录"是未知的。系统可以通过比较提问 q 前后的"黄金记录"的值估计问题的作用。询问答案前的黄金记录集合记为 G,获得问题答案之后集合变为为 G'。G 和 G' 的差值为 $G'-G$,$|G'-G|$ 表示黄金记录改变的数量。如果新增的黄金记录集合 $G'-G$ 都是正确的,那么问题 q

获得的收益就是$|G'-G|$。即使黄金记录的真值是未知的,由于询问问题通常都会改进数据合并的质量,所以也可以使用$|G'-G|$作为正确"黄金记录"的估计。接下来形式化定义收益和概率的计算方法。

(1)计算收益$\mathcal{B}(q=a_i)$。令$\mathcal{N}(q=a_i)=|G'-G|$表示问题的答案是$a_i$时黄金记录的变化数量。那么问题$q$答案是$a_i$时的收益估计为

$$\mathcal{B}(q=a_i)=\mathcal{N}(q=a_i) \tag{4-5}$$

(2)计算概率$\mathcal{P}(q=a_i)$。现在讨论如何为之前介绍的三种问题计算概率$\mathcal{P}(q=a_i)$。

训练集生成规则验证问题:训练集生成规则验证问题有两种可能的回答,认可(记为Y),拒绝(记为N)。由于$\mathcal{P}(q_T=N)=1-\mathcal{P}(q_T=Y)$,所以文章主要讨论$\mathcal{P}(q_T=Y)$的计算。实体匹配模型(比如随机森林)可以返回一个实体对p匹配的概率,表示为$\mathcal{P}(p=Y)$。系统使用问题中所有样本的平均匹配概率作为这条规则问题获得认可的概率[也就是$\mathcal{P}(q_T=Y)$]。可以被形式化为

$$\mathcal{P}(q_T=Y)=\frac{\sum_{p\in q_T}\mathcal{P}(p=Y)}{\sum_{p\in q_T}1} \tag{4-6}$$

实体聚类纠错问题:实体聚类纠错问题q_C的答案依赖于聚类中每一个实体对。系统需要考虑所有的实体对,如果聚

类中包含 $|q_C|$ 个实体，那么需要考虑 $\binom{|q_C|}{2}$ 个实体对，表示为 $p_1, p_2, \cdots, p_{\binom{|q_C|}{2}}$。每个实体对只有两种可能的回答：匹配或者不匹配。这样，一共就有 $2^{\binom{|q_C|}{2}}$ 种不同的答案 $\left(p_1 = x_1, p_2 = x_2, \cdots, p_{\binom{|q_C|}{2}} = x_{\binom{|q_C|}{2}}\right)$，其中 $x_i \in \{Y, N\}$。$\mathcal{P}(p_i = Y)$ 可以通过 $\mathcal{P}(p_i = N) = 1 - \mathcal{P}(p_i = Y)$ 来计算。最终，每种答案的概率可以用下式计算：

$$\mathcal{P}\left(q_T = \left(p_1 = x_1, \cdots, p_{\binom{|q_C|}{2}} = x_{\binom{|q_C|}{2}}\right)\right) = \prod \mathcal{P}(p_i = x_i)$$

(4-7)

如果实体聚类很大，枚举所有的可能答案代价很大。为了解决这个问题，系统可以只考虑部分大概率的回答。例如，如果概率 $\mathcal{P}(p_i = Y)$ 很大（比如大于 0.8），$\mathcal{P}(p_i = N)$ 将会很小，这样所有包含 $p_i = N$ 的回答都可以被忽略，也就是忽略答案 $\left(p_1 = x_1, p_2 = x_2, \cdots, p_i = N, \cdots, p_{\binom{|q_C|}{2}} = x_{\binom{|q_C|}{2}}\right)$。

为了进一步改进性能，本章提出一种基于置信度的方法。对于实体聚类中给定的实体对，实体匹配模型能够计算出这个实体对匹配的概率（置信度）。如果概率大于 0.5，这个实体对就被判定为匹配。可是实体聚类中可能有许多实体并非指向同一个真实实体，这个时候就需要拆分这个实体聚类。通常情况下实体聚类会根据概率阈值被切分。例如，如果一个实体对的匹配阈值是 0.8，系统就可以通过这个阈值将聚类进一步切分成子类。具体方法是建立一个图（graph），图上的节点是聚类中的实体，边表示连接的实体匹配。图构建之后，每个连通子图就是一个子类集合。由于阈值 τ 是不确定的，所以可以根据不同的阈值构建出多种实体图，但是枚举所有的阈值也是不可能的。

为了解决阈值不确定的问题，系统可以分间隔选取阈值，比如 $\tau \in (0.5, 0.6, 0.7, 0.8, 0.9)$，每种阈值都可以从实体聚类中分出不同的子类。对于所有这些子类集合，系统都可以利用当前用户已经纠错了的聚类信息来计算子类集合的似然值。比如，假设一个聚类问题已经被用户纠正，并且 C_h 表示用户提供的子类集合，系统目标是寻找阈值 τ 使其产生的子类集合 C_τ 和 C_h 最为匹配。为了实现这个目标，系统需要对每个可选阈值 τ 计算集合 C_h 和 C_τ；这种相似度可以通过集合相似度函数（比如杰卡德相似度）来度量。如果有多个聚类都完成了用户验证，可以计算出满足 τ 的聚类比例并且找出最优的 τ。使用这种方法，对于聚类纠错问题只需要考虑有限的答案及每种答案的概率。

实体转换规则验证问题：数据转换规则问题有两种可能的答案：认可（表示为 Y）或者拒绝（表示为 N）。由于 $\mathcal{P}(q_R = N) = 1 - \mathcal{P}(q_R = Y)$，所以文章主要描述如何计算 $\mathcal{P}(q_R = Y)$。假设 $q_R = v \rightarrow v'$，并且数据集中存在 $\mathcal{N}(v \mid q_R)$ 条

记录包含值 v 及 $\mathcal{N}(v'\mid q_R)$ 条记录包含 v'。很显然，如果大部分记录包含值 v'，那么规则会更有可能被认可。因此可以按照如下公式计算 $\mathcal{P}(q_R = Y)$[⊖]：

$$\mathcal{P}(q_R = Y) = \frac{\mathcal{N}(v'\mid q_R)}{\mathcal{N}(v'\mid q_R) + \mathcal{N}(v\mid q_R)} \quad (4\text{-}8)$$

由于存在的问题数量巨大，每次调用全局收益模型都需要枚举答案并且执行实体合并计算出黄金记录，所以直接使用全局收益模型计算所有的问题收益是十分耗时的。为了解决这个问题，接下来文章将介绍一种更加有效的方法。

4.3.2 局部收益模型

如之前章节所述，由于枚举所有可能的回答并且多次运行实体匹配和实体合并算法来计算黄金记录的变化量代价很大，所以直接计算全局的收益是十分耗时的。为了避免多次重复进行实体匹配和实体合并过程，可以预先在每种问题类型（也就是训练集生成规则验证问题、实体聚类纠错问题和实体转换规则验证问题）内部对问题进行排序，选择出最有收益的前 k 个问题参与全局收益的计算和排序，最终从 $3k$ 个问题中选出全局收益代价比最高的一个问题进行询问。这样就可以高效地利用粗粒度的局部收益模型预先过滤掉大量不可能被选中的问

⊖ 对于转换规则，比如 #th→#，可以通过分别寻找包含 v 和 v' 的记录集合计算 $\mathcal{N}(v\mid q_R)$ 和 $\mathcal{N}(v'\mid q_R)$。

题。基于这个目标，系统通过计算同类问题的局部收益来判断哪个问题是重要的，并且根据局部收益进行局部问题排序。具体地，由于训练集生成规则验证和实体聚类纠错的目标是生成更多的训练集来改善实体匹配模型的准确度，所以系统就在这两种问题类别中只利用对实体匹配的改进效果对问题进行排序。而实体转换规则目标是将不同的属性值修改为一种权威形式，所以系统利用规则改进的实体数量进行排序。接下来将形式化描述这些局部收益的计算方法。

训练集生成规则验证问题：在 4.3.1 节，训练规则的全局收益即黄金记录改变的期望数量，而局部收益模型的目的是让用户先回答具有高价值的训练集生成规则验证问题。训练集生成规则验证问题的价值依赖于几个因素：包括问题覆盖面（满足这条规则的实体对数量）、精确度（满足这条规则并且规则结论正确的实体对数量）及实用性（是否能够真正地改进实体匹配模型）。例如，给定一条规则"如果 Zipcode 相同，那么两个实体判定为匹配"，如果有 16 个实体对满足这条规则并且有 10 个实体对匹配正确；那么这条规则的覆盖面就是 16，准确度是 $\frac{10}{16}$。规则的实用性依赖于规则找出的匹配（或者不匹配）实体是否能够被当前的实体匹配模型轻易识别出来（如果很容易识别，那么这条规则作用也就不大）。综上所述，局部排序目标就是选出覆盖面广、准确度高、并且包含很多高实用性实体对的训练集生成规则。

接下来具体描述如何计算上述三个指标。

（1）计算训练规则问题 q_T 的覆盖面 $cov(q_T)$。直接的方法是枚举所有实体对并且识别出满足规则的实体对。但是这种方法对于大数据集不具有可扩展性。为了解决扩展性问题，系统可以使用相似连接查询算法，首先为每个记录产生一个标签，然后把具有相同标签的实体放在一起构成候选实体对，最后再通过检查规则来验证候选实体对是否匹配。由于这些方法能够使用倒排索引过滤掉大量不相似的实体对，所以具有较强的扩展性[2]。

（2）计算训练规则问题 q_T 的准确度 $accuracy(q_T)$。如果训练集生成规则是被专家设计出来的，那么就可以让这个专家提供一个置信度。而如果规则是通过算法生成出来的，算法本身就可以提供置信度。综上所述，系统可以把置信度归一化之后作为准确度[18-19]。

（3）计算训练规则问题 q_T 的实用性 $U(q_T)$。系统首先使用实体匹配模型来计算实体对 p 匹配的概率 $Pr(p)$。$Pr(p)$ 越大，p 越有可能是匹配的；反之，$Pr(p)$ 越小，p 越不可能是匹配的。但是如果 $Pr(p)$ 接近 0.5，那么实体匹配模型是很难判断 p 是否匹配的。系统最希望让用户去标注这样模棱两可的实体对并且使用回答扩充训练集来提升实体匹配模型。现在，对于实体对 p 定义了熵为

$$U(p) = -(\log Pr(p) + \log(1-Pr(p))) \tag{4-9}$$

熵越大，实用性越小。所以可以通过熵来计算实用性：

$$\text{utility}(p) = 1 - \frac{U(p)}{\text{Max}U} \quad (4\text{-}10)$$

其中 $\text{Max}U$ 是所有实体对的最大熵。

利用上述三个指标，系统能够为训练集生成规则验证问题计算出一个局部分数：

$$S(q_\text{T}) = \text{accuracy}(q_\text{T}) cov(q_\text{T}) \frac{\sum_{p \in q_\text{T}} \text{utility}(p)}{\sum_{p \in q_\text{T}}} \quad (4\text{-}11)$$

$$= \text{accuracy}(q_\text{T}) \sum_{p \in q_\text{T}} \text{utility}(p) \quad (4\text{-}12)$$

系统按照分数/代价的比值对所有训练规则进行降序排序 $\left(\text{比如} \frac{S(q_\text{T})}{C(q_\text{T})}\right)$，并且选择前 k 个问题。

实体聚类纠错问题：和训练集生成规则验证问题一样，系统利用局部收益选择带来最多实体匹配准确度提升的实体聚类，而不用考虑对于数据合并质量的整体影响。直觉上看，如果聚类中的所有元组都指代同一个实体，那么这个实体聚类很难对数据匹配模型的准确度有影响，所以它是低收益的。但是，如果大部分实体对都是很难通过实体匹配模型得到结果的，那么根据用户反馈，实体匹配的效果也能得到较大提升。因此，系统使用实体聚类中实体对的实用性来量化聚类问题的局部收益。可以使用实体聚类中所有实体对实用性之和来表示该聚类的局部收益：

$$S(q_\text{C}) = \sum_{p \in q_\text{C} \times q_\text{C}} \text{utility}(p) \quad (4\text{-}13)$$

实体转换规则验证问题：对于实体转换问题，可以简单地利用包含该规则的实体聚类数量来计算它们的局部收益。具体地，假设每个转换问题验证转换规则 $q_R = v \rightarrow v'$。令 $|q_R|$ 表示 q_R 被聚类包含的次数 [包含实体对 (v,v') 的实体聚类个数]。频度 $|q_R|$ 越大，越多的转换会被执行。因此可以使用规则次数来计算转换规则的局部收益分数：

$$S(q_R) = |q_R| \qquad (4-14)$$

4.3.3 选择 k

根据上述的全局收益估计和局部收益估计方法，选择 k 的时候需要同时考虑性能和质量提升。较小的 k 会让算法高效，但是可能得不到最优的问题调度结果，这是因为当前全局最优的问题可能不在 k 个局部最优的问题中；更大的 k 值会大概率选中最优的问题调度方案，但是效率会很低，这是由于会有更多的问题需要计算全局收益。作为妥协，系统首先设置 $k = B$，然后每一轮通过所有选中问题的全局收益逐步调整 k 值。对于每种问题，假设 q 是该类型中全局收益/代价比最大的问题，并且它在本地的局部排序中位于第 k' 个，那么就可以把 k' 作为下一轮 k 值的选择。

4.4 每轮迭代选多个问题

本节介绍每轮迭代选择多个问题的情况。首先考虑 $b = 2$

(4.4.1 节),然后介绍如何支持 $b>2$ 的情况(4.4.2 节)。最后考虑如何选择合适的 b 值(4.4.3 节)。

4.4.1 针对 $b=2$ 的问题选择

选择两个高收益的问题效果可能不如选择两个联合收益最高问题,这是因为高相关的问题可能互相具有积极的作用。因此,本节提出一种考虑相关性的问题选择方法。

首先讨论如何计算问题 q 和 q' 的联合全局收益 $\mathcal{B}(q, q')$。令 $\mathcal{P}(q=a_i, q'=a_j')$ 表示问题 q, q' 获得回答 a_i, a_j' 的概率,$\mathcal{B}(q=a_i, q'=a_j')$ 表示问题 q, q' 获得回答 a_i, a_j' 的收益。全局联合收益 $\mathcal{B}(q, q')$ 可以通过式(4-15)计算。

$$\mathcal{B}(q,q') = \sum_{i=1}^{n}\sum_{j=1}^{m}\mathcal{P}(q=a_i, q'=a_j')\mathcal{B}(q=a_i, q'=a_j')$$

(4-15)

假设这两个问题是独立的,可以得到:

$$\mathcal{P}(q=a_i, q'=a_j') = \mathcal{P}(q=a_i)\mathcal{P}(q'=a_j') \quad (4\text{-}16)$$

令 $\mathcal{N}(q=a_i, q'=a_j')$ 表示问题 q, q' 获得回答 a_i, a_j' 之后黄金记录改变的数量。下方的公式可以估计同时询问 q, q' 并获得答案 a_i, a_j' 之后的全局收益:

$$\mathcal{B}(q=a_i, q'=a_j') = \mathcal{N}(q=a_i, q'=a_j') \quad (4\text{-}17)$$

考虑相关性的问题调度算法迭代调用下面的步骤直到预算耗尽:

(1) **考虑相关性的联合收益估计**。系统首先识别出每类问题中局部收益/代价比最高的前 k 个问题,然后枚举这些问题的所有组合方式(问题对),并且计算它们的全局收益。

(2)**考虑相关性的问题选择**。系统选择具有最大全局收益/代价比的问题对,然后同时询问这两个问题,获得答案之后重新执行机器算法。

4.4.2 针对 $b>2$ 的问题选择

当 $b>2$ 的时候,仍然可以使用上面针对 $b=2$ 情况的算法。简单来说,系统可以在 $3k$ 个问题中枚举所有 b 大小的问题组合(从每个问题类别中选择 k 个问题),并且计算每种组合的全局收益。可是,这种方法主要有两个限制。首先,它需要枚举 $\binom{3k}{b}$ 种组合,当 b 和 k 较大的时候代价很高。其次,估计每种组合 b 个问题的全局代价本身就非常昂贵,这是因为需要枚举很多种可能的答案。

本节提出两个技术来缓解这些限制。首先,将 $3k$ 个不同问题分为若干组,使得①不同组中的问题没有相关性并且②同组中的问题可能具有相关性。这样就可以忽略来自不同组问题之间的相关关系。最后,系统利用两个问题的联合收益来估计多个问题的收益。

问题分组:首先定义两个问题的相关性,没有相关性的问题会被分到不同组中。

定义 4.3：（相关性）两个问题 q, q' 是正相关的当且仅当 $\mathcal{B}(q,q') > \mathcal{B}(q) + \mathcal{B}(q')$。两个问题 q, q' 是负相关的当且仅当 $\mathcal{B}(q,q') < \mathcal{B}(q) + \mathcal{B}(q')$。

定义 4.4：（没有相关性）两个问题 q, q' 没有相关性当且仅当 $\mathcal{B}(q,q') = \mathcal{B}(q) + \mathcal{B}(q')$。

系统枚举每个问题对并且计算收益，然后系统将有正相关性的问题放在同一个组中，并且产生出了一些不重叠的问题组 $P_1, P_2, \cdots, P_{|P|}$。

包含 b 个问题的集合 $\mathbb{Q}^b$ 的收益估计：令 $\mathbb{Q}_i^b = \mathbb{Q}^b \cap P_i$。$\mathbb{Q}^b$ 中的问题被分成 $|P|$ 个组 $\mathbb{Q}_1^b, \mathbb{Q}_2^b, \cdots, \mathbb{Q}_{|P|}^b$，可以通过下面的公式计算 $\mathbb{Q}^b$ 的收益：

$$\mathcal{B}(\mathbb{Q}^b) = \sum_{i=1}^{|P|} \mathcal{B}(\mathbb{Q}_i^b) \tag{4-18}$$

但是如果 $|\mathbb{Q}_i^b|$ 很大，计算 $\mathcal{B}(\mathbb{Q}_i^b)$ 依然十分昂贵。为了解决这个问题，本节提出一种近似的方法来估计 $\mathcal{B}(\mathbb{Q}_i^b)$。基本思想是使用平均成对的相关性来估计整体相关性。令 $\dfrac{\mathcal{B}(q',q'')}{\mathcal{B}(q') + \mathcal{B}(q'')}$ 表示 q' 和 q'' 的相关性，$q' \neq q'' \in \mathbb{Q}_i^b$。系统使用平均成对相关性来估计 $\mathbb{Q}_i^b$ 中多个问题的相关性 $\dfrac{\sum_{q' \neq q'' \in \mathbb{Q}_i^b} \dfrac{\mathcal{B}(q',q'')}{\mathcal{B}(q') + \mathcal{B}(q'')}}{\left|\binom{\mathbb{Q}_i^b}{2}\right|}$。然后就可以计算出询问 $\mathbb{Q}_i^b$ 问题的收益：

$$\mathcal{B}(\mathbb{Q}_i^b) = \sum_{q \in \mathbb{Q}_i^b} \mathcal{B}(q) \frac{\sum_{q' \neq q'' \in \mathbb{Q}_i^b} \frac{\mathcal{B}(q',q'')}{\mathcal{B}(q') + \mathcal{B}(q'')}}{\left| \binom{\mathbb{Q}_i^b}{2} \right|} \qquad (4\text{-}19)$$

问题选择：为了选择联合收益/代价比最大的 b 个问题，一种暴力的方法是枚举所有可能的 b 个问题集合 $\mathbb{Q}^b$ 并且根据等式（4-18）计算 $\mathcal{B}(\mathbb{Q}^b)$。可是，这种方法需要枚举所有可能的 $\mathbb{Q}^b$，所以代价十分昂贵。为了解决这个问题，首先将问题集合 Q 分为 $|P|$ 个分组 $P_1, P_2, \cdots, P_{|P|}$，并且从分区 P_i 中选择局部收益/代价比最高的 j 个问题，其中 $1 \leq j \leq b$，$1 \leq i \leq |P|$。系统接着使用局部最优问题生成全局最优问题集合。算法 4.2 展示了相关伪代码。

算法 4.2　多问题选择

Input：Q：问题集合 Q；b：需要选择的问题数量
Output：Q_b：选中的问题集合

1　$P = \text{QuestionGrouping}(Q)$;
2　**foreach** $P_i \in P$ **do**
3　$\quad\lfloor\; W_i, W_i' = \text{LocalSelection}(P_i, b)$;
4　$Q_b = \text{GlobalSelection}(W, W'b, |P|)$;
5　return Q_b;

Function QuestionGrouping(Q)

Input：Q：问题集合
Output：P：问题分组

1 **for** $q \neq q' \in Q$ **do**
2   **if** $\mathcal{B}(q, q') \neq \mathcal{B}(q) + \mathcal{B}(q')$ **then** $\text{Corr}(q, q') = Y$;
3 将 Q 切分成 $P_1, P_2, \cdots, P_{|P|}$，使得 q, q' 被分在同一组当且仅当它们是正相关的；

Function LocalSelection(P_i, b)

  Input：P_i：相关性分组 b：问题选择数量
  Output：W：Max($\mathcal{B}/\mathcal{C}$)矩阵；W'：局部矩阵
1 **for** $j \in [1, \min(b, |P_i|)]$ **do**
2   **for** P_i 中每 j 个问题集合 s_j **do** 计算 $\dfrac{\mathcal{B}(s_j)}{\mathcal{C}(s_j)}$；
3   ;
4     $W[i][j] = \max\limits_{j=1}^{|P_i|} \dfrac{\mathcal{B}(s_j)}{\mathcal{C}(s_j)}$；$W'[i][j] = \mathop{\mathrm{argmax}}\limits_{j=1}^{|P_i|} \dfrac{\mathcal{B}(s_j)}{\mathcal{C}(s_j)}$；

Function GlobalSelection($W, W', b, |P|$)

  Input：W：Max($\mathcal{B}/\mathcal{C}$)矩阵；W'：局部矩阵；b：选中问题数量；$|P|$：问题组数
  Output：选中问题集合 Q_b
1 **for** $j \in [1, b]$ **do**
2     $F[1][j] = W[1][j]$；$F'[1][j] = W'[1][j]$；
3 **for** $i \in [2, |P|]$ **do**
4   **for** $j \in [1, b]$ **do**
5         $F[i][j] = \max\limits_{k=0}^{j}(W[i][k] + F[i-1][j-k])$；
6         $F'[i][j] = W'[i]\left[\mathop{\mathrm{argmax}}\limits_{k=0}^{j} W[i][k] + F[i-1][j-k]\right]$；
7 **return** F'；

（1）**局部选择**。在每个分组 P_i 中，系统枚举 P_i 中的每 j 个问题组合，并且根据式（4-19）计算收益，然后选择收益/代价比最高的问题集合。令 $W[i][j]$ 表示 P_i 中收益/代价比最大的 j 个问题大小的联合收益/代价的比值，而 $W'[i][j]$ 则表示对应的 j 个问题。P_i 中局部问题选择的时间复杂度是 $\mathcal{O}\left(\binom{|P_i|}{b}\right)$。

（2）**全局选择**。系统使用动态规划算法选择联合收益/代价比最高的问题集合 $\mathbb{Q}^b$。令 $F[i][j]$ 表示从前 i 个分组中选取 j 个问题的最大收益/代价比，而 $F'[i][j]$ 中保存了从分组 P_i 中选出来的问题集合。

当 $k \in [0, j]$ 的时候，$F[i][j]$ 可以通过 $F[i-1][j-k]$ 计算出来。如果从第 i 个分组中选择 k 个问题，那么需要从前 $i-1$ 个分组中选出 $j-k$ 个问题。由于不同的分组中的问题没有相关性，可以得到：

$$F[i][j] = \max_{k=0}^{j}(W[i][k] + F[i-1][j-k]), \quad (4\text{-}20)$$

$$F'[i][j] = W'[i]\left[\operatorname*{argmax}_{k=0}^{j}(W[i][k] + F[i-1][j-k])\right]$$

$$(4\text{-}21)$$

最后算法根据矩阵 F' 回溯选择的路径获得最终的问题选择集合。全局选择的算法复杂度是 $\mathcal{O}(|P|b^2)$。当 $|P| \leq 3k$，时间复杂度依赖于 k 和 b。实践中的 k 和 b 取值都不会太大，所以本节提出的全局选择算法具有一定的扩展性。

4.4.3 讨论 b 的选择

如果 b 取值比较小,那么用户的回答经常被机器算法打断,效率会比较低,而且还会遗漏不同问题之间的相关性。反之,较大的 b 会减少迭代的次数提高效率,但是无法使用细粒度的反馈来调整每一轮问题的选择。一种较为平衡的方式是将 b 设置为最大问题分组中问题的数量,也就是 $b = \max\limits_{i=1}^{|P|} |P_i|$。

4.5 实验验证

本节通过实验回答了如下几个问题:本章提出的交叉技术可以提升数据合并的准确度吗?局部排序和全局排序对于提升准确度有作用吗?考虑问题之间的相关性对于准确度提升有帮助吗?

4.5.1 实验设置

数据集:实验使用了三个真实数据集,见表 4.7。①产品数据集 Product,这个数据集包含 6 列(例如,品牌、价格、型号、种类等)及 1 169 376 条实体,其中包含 191 958 个不同的实体。②地址数据集 Address,其中每行都是一家公司的地址。这个数据集包括 11 列(比如,地址、城市、国家、街道、经度、纬度等）及 1 040 287 条实体，这些实体指向 140 035 个不同实体。③出版物数据集 Pub，其中每一行都是一个出版物信息。数据集包含 6 列（例如，标题、作者、期刊、卷、年份等）及 120 910 条实体，这些实体指向 11 278 个不同的实体。表 4.7 展示了三个数据集的统计信息。实验中手动标注了这些数据并且按照 4.2.2 节所示生成问题。

表 4.7　数据集

数据集	Product	Address	Pub
列数	6	11	6
行数	1 169 376	1 040 287	120 910
实体数	191 958	140 035	11 278
平均聚类大小	6.09	7.43	10.72

基线测试方法：实验实现了以下算法，所有这些算法都首先使用两条分块（blocking）规则生成一个候选实体匹配对集合，然后使用不同算法生成"黄金记录"。①EMEC：首先运行实体匹配，如果聚类结果不再有变化，转而执行实体合并。②TrainingOnly：只询问训练集生成规则验证问题。③ClusterOnly：只询问实体聚类纠错问题。④TransOnly：只询问数据转换问题。⑤Interleave-Random：先生成局部的问题集合，然后从中随机选择。⑥Interleave-Greedy：首先从每种问题中选择一个问题，询问这些问题获得答案，然后计算黄

金记录的改变数量。假设问题 q 产生了最大的改变数量,那么下一轮就接着选这类问题。⑦Interleave-Global-1:从每种问题中选出一个问题然后使用全局收益选出收益/代价比最大的问题。⑧Interleave-Global-k:从每种问题中选出 k 个问题然后使用全局收益选出收益/代价比最大的问题。⑨Interleave-Global-k-Corr-b:从每种问题中选出 k 个问题,然后使用考虑相关性的全局联合收益选出收益/代价比最大的问题子集合一次性询问用户。对于实体匹配,实验使用基于随机森林的方法[80]。对于实体合并,实验使用多数投票的方法[100]。实验所用的系统主要使用 Python 实现,一些复杂的算法库由 C 语言实现。

指标:实验比较了实体合并之后黄金记录的准确度,实体聚类的 F1 分数,以及算法的运行时间。实体聚类的精确度是正确的聚类占计算出的聚类总数的比重,而召回率是算法能够找出的正确聚类占所有正确聚类的比重,而 F1 是精确度和召回率的调和平均数。

计算平台:所有的实验部署在一台带有 Intel(R) Xeon(R) E5-2630 2.20GHz 处理器,128GB 内存的 Linux 服务器上。实验使用 20 核进行并发操作。

4.5.2 每轮选择一个问题

实验运行多轮算法。在每一轮中,使用问题调度框架选择 10 个问题并且询问用户这些问题的答案。本节报告了每种算法的数据融合准确度和运行时间。

不同预算下的黄金记录准确度：实验比较了不同方法在不同代价预算下能够获得的 GR 准确度。在图 4.4 中，预算代价对应着利用代价模型（见 4.2.4 节）计算出来的用户回答问题的代价。根据这个结果，有如下观察：

（1）交叉提问的方法（Interleave-Global-1、Interleave-Global-10、Interleave-Random 及 Interleave-Greedy）要比非交叉提问的方法效果好（EMEC、ClusterOnly、TransOnly 及 TrainingOnly）。这是由于交叉提问的方法在实体匹配和实体合并阶段都带来了收益。实验证实了本章的关键假设，整体地分配用户资源到数据融合管道的各个步骤上会带来本质上的性能提升。

（2）使用全局收益调度问题的方法（Interleave-Global-1 和 Interleave-Global-10）优于只基于局部收益的调度方法（Interleave-Random 和 Interleave-Greedy）。这是由于局部收益调度方法只在不同种类方法内部进行排序，而全局收益是对于端到端收益的估计。Interleave-Greedy 要优于 Interleave-Random，这是由于 Interleave-Random 只是随机选择问题而 Interleave-Greedy 对局部问题进行排序。Interleave-Global-10 的性能相比 Interleave-Global-1 提高了 3% ~ 10%。这个结果验证了全局排序技术的有效性。

（3）Interleave-Greedy 优于其他方法，这验证了本章提出的局部收益排序的有效性。

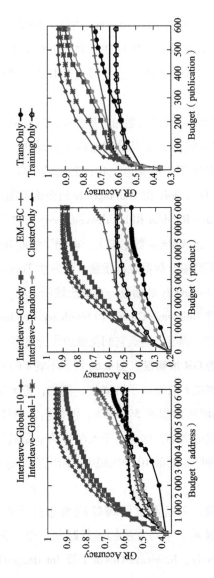

图 4.4 不同预算下的黄金记录准确度（对应的最大问题数量分别是 600、600、120）

(4) TrainingOnly 和 ClusterOnly 方法比 EMEC 和 TransOnly 方法效果差,这是由于实体合并要求把所有实体变成统一形式。EMEC 优于 TransOnly,这是因为 EMEC 可以优化实体聚类质量。

(5) 随着问题数量的增加,基于全局排序的方法还在不断地提升 GR 准确度,而其他的方法不再增加,这是由于全局排序精心选择了问题集合。相比较而言,①方法 EMEC、ClusterOnly、TransOnly 和 TrainingOnly 只会询问固定的一组问题;②Interleave-Random 和 Interleave-Greedy 方法只进行局部排序。例如,在 Address 数据集上,全局算法能够在 4 000 个单位代价内不断提升数据融合质量,而方法 TransOnly、ClusterOnly 和 TrainingOnly 的质量一直都比较低。

(6) 即使 Interleave-Greedy 和 Interleave-Random 最终也能达到比较高的准确度,但是它们花费的代价更多。

不同 k 的 GR 准确度:图 4.6a 展示不同 k 的 GR 准确度,可以观察到增加 k 值提高了准确度。例如,把 k 从 1 提高到 10,GR 准确度可以提高 5%~8%。但是当 k 继续增加,GR 准确度提高就很微小,这是由于大部分的全局最优问题已经包含在了每种问题的前 10 个问题中,所以实验将 k 的默认值设置为 10。

运行时间:实验测试了每轮问题选择执行的机器时间。图 4.5 展示了不同方法的运行时间。交叉询问的方法 Interleave-Greedy、Interleave-Global-1 及 Interleave-Global-10 要比其他方法花费更多的时间,这是因为这三种方法需要对问题进行局部排序。还可以注意到所有方法运行时间都随着问题数量增多而线性增长。ClusterOnly 和 TrainingOnly 要慢于 TransOnly、Interleave-Random 和 EMEC。这是由于排序聚类和训练集规则要比排序数据转换规则更慢,而 Interleave-Random 和 EMEC 不需要排序操作。实验还为算法的每个部分都记录了时间:局部排序、全局排序、实体匹配及实体合并。图 4.6b 右边展示了在 Address 数据集上不同部分所用的时间。可以观察到局部排序花费了很多时间,这是由于它对于大量的训练集生成规则匹配的实体对,以及聚类中涉及的实体对都要计算不确定度,还要识别出频繁的转换规则。当 k 比较大的时候,全局排序则花费更多时间,这是因为有更多问题需要计算全局收益。实验中使用并行计算技术改进运行效率,比如:匹配对推测,数据转换,局部排序及全局排序。系统提前抽取所有候选对,并且特征只有在记录变化的时候才需要更新。

4.5.3 每次迭代多个问题

不同预算的 GR 准确度:实验比较了批处理的方法(每轮选 b 个问题)和非批处理的方法(每轮只选一个问题)。图 4.7 展示了实验结果。基于相关性的方法提升了 3%~8% 的 GR 准确度。这是因为它使用相关性来选择问题,而且问题(训练集生成规则问题、实体聚类问题及数据转化问题)之间确实存在相关性。

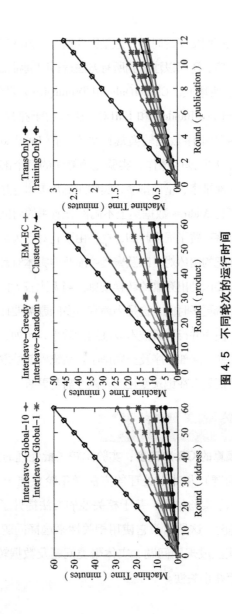

图 4.5 不同轮次的运行时间

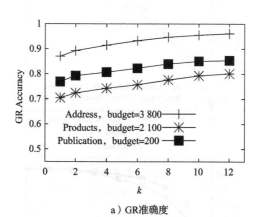

a）GR准确度

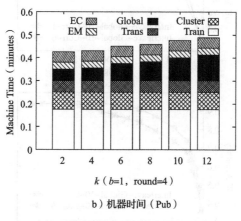

b）机器时间（Pub）

图 4.6 不同的 k

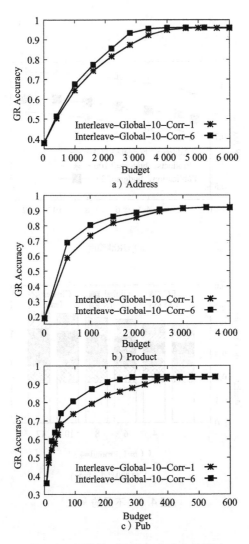

图 4.7 相关性对于 GR 准确度的影响

不同 b 值的 GR 准确度：实验还变化了 b 值。根据图 4.8a 的结果，b 增加了之后 GR 质量也会随之增加。这是由于较大的 b 值可以抓住更多问题之间的相关关系。当 b 大于 6 之后，GR 质量改进就很小了，这是由于 6 个问题互相关联的情况比较少。所以把 b 设置为 6 是最好的选择。

不同 b 值的运行时间：图 4.8b 展示了不同 b 值对应的运行时间。随着 b 的增加，全局排序的运行时间也增加，但是

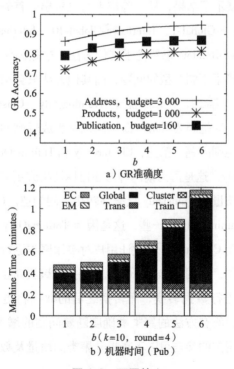

a) GR准确度

b) 机器时间（Pub）

图 4.8 不同的 b

还是会保持在合理范围内。例如，b 从 1 增加到 6，全局排序时间从 12 秒增加到 60 秒，而总时间从 25 秒增加到 70 秒，这是由于局部排序依赖于数据集大小，而全局排序依赖于 k 和 b 的大小。

4.5.4 实体聚类质量测试

实验比较了这些方法在不同预算下的聚类的质量，图 4.9 中展示了结果，从实验结果可以看出。首先，全局方法 Interleave-Global-1、Interleave-Global-10、Interleave-Greedy 及 Interleave-Random 仍然优于其他方法，这是因为这四种方法精心选择了不同类型的问题，而其他方法只会询问固定的问题序列。第二，EMEC 优于 TrainingOnly、ClusterOnly 及 TransOnly，这是因为 EMEC 既询问训练生成规则问题也询问数据转换规则问题。第三，ClusterOnly 和 TrainingOnly 方法优于 TransOnly，这是因为前两种方法目标是生成更多训练集来改进聚类质量而 TransOnly 只能够转化不同的值。ClusterOnly 方法比 TrainingOnly 好一些，这是因为 TrainingOnly 包含错误的匹配对而 ClusterOnly 通过让用户对实体聚类进行纠错解决了这个问题。第四，TransOnly 也能够提升聚类质量，这是因为它可以进行数据转换，而转换之后的数据将更加易于聚类。第五，所有方法的聚类准确度随着问题的增多而增加，这是由于用户的参与可以不断提升聚类的质量及数据形式的单纯性。

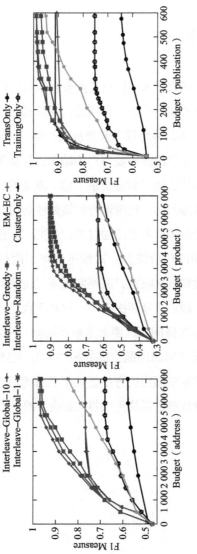

图 4.9 不同预算下的聚类质量（聚类的 F1 指标）

4.6 本章小结

本章主要研究了人在回路数据融合系统中的实体匹配和实体合并步骤的用户代价优化问题，并且通过这两个步骤将重复的记录聚类，并为每个聚类抽取一条"黄金记录"。注意到在如下几个阶段都需要用户的输入，包括聚类验证、选择值转换规则及选择"黄金记录"值。本章的核心想法是通过交叉询问这些问题，数据融合的整体性能可以比一次只问一个问题提升很多。本章还通过用户研究，提出了估计用户回答问题时间的代价模型。本章还介绍了两种收益估计方法：全局收益和局部收益，以便度量通过询问问题能够获得的性能提升。最后本章还提出了一种基于代价预算的问题调度方法来精心选择问题，要么是顺序询问（一次一条），要么是批量询问（考虑问题之间的相关性）。在真实数据上的实验结果显示本章提出的方法要优于已有的解决方案，并且使用相关性批处理的系统可以将数据合并准确度从 70% 提升到 90%。

第 5 章

总结与展望

5.1 全书主要研究工作总结

全书研究了大数据相似查询的关键技术,具体包括分布式环境下高效的相似查询系统、相似查询执行优化技术及实体相似查询规则生成技术。首先本书提出一个可以和当前最流行的 Spark 生态无缝对接的相似查询系统 Dima,这个系统既能够高效支持基于阈值的相似查询和相似连接,又能够高效支持最 K 相似查询和最 K 相似连接。基于 Dima 系统,本书进一步研究了相似查询的执行计划优化技术,结合已有工作,执行优化技术的关键是基数和代价估计,所以本书提出了一个基于人工智能算法的相似查询基数估计系统,系统能够获得目前最好的基数估计准确度。最后,利用高效的相似查询系统,结合人在回路的框架,本书提出了一个基于相似规则的实体融合系统。

首先,本书提出一个分布式内存相似查询系统 Dima。主要创新点有:①Dima 是第一个提供 SQL 及数据帧接口的成熟分布式内存相似查询系统，具备提供高效完整相似查询功能的能力并且无缝融入 Spark 的生态；②书中提出可选标签技术，并且提出一个考虑负载均衡的标签选择框架来均衡分布式环境下的负载；③书中提出全局索引和局部索引并且设计了高效的算法进行相似选择、相似连接、最 K 选择及最 K 连接；④书中提出基于代价的查询优化技术，以进一步提升复杂相似查询的性能；⑤实验表明 Dima 系统优于已有方法或者系统 1~3 个数量级。

接着，本书进一步研究了查询优化技术，通过调研已有工作并且进行实验得知查询优化的关键在于能否准确估计查询的基数。所以本书着重研究了针对相似查询的基数估计技术。主要创新点有：①本书设计出一个端到端的卷积神经网络，以实现针对相似查询的基数估计；②本书提出两种技术改进了模型（包括数据分片和查询分片），并且获得了更好的效果；③本书介绍了模型的实现细节及参数调优的方法；④实验显示本书的基数估计方法可以利用更少的训练集获得更加准确的效果。

最后，本书提出了一个基于相似度规则的数据融合系统，这个系统能够从整体上优化规则生成所需要的用户参与代价，比如实体匹配规则、数据转换规则等。利用这些规则，可以进一步提升数据融合的准确度。主要创新点有：①书中提出一种人在回路的数据融合系统，这个系统通过交叉询问不同的问题来优化数据融合的质量，基于此系统，书中又提出一个问题选择框架来最大化用户预算内的数据融合质量；②书中提出一种评价用户参与时间的代价模型；③书中提出一个全局收益模型来评估每个问题能够带来的提升，以及一个局部收益模型筛选出每类问题中最重要的若干问题；④书中提出一种考虑相关性的问题选择算法；⑤实验显示本书提出的方法优于已有方法。

5.2 进一步研究工作与展望

今后将继续研究相似查询系统相关工作，改进系统的性能并且推动相关技术的商业化使用。思路是广泛使用人工智能技术为相似查询数据库赋能，具体包括：

（1）**查询优化技术**。本书介绍的相似查询优化技术是基于代价估计的启发式算法，这种方法虽然取得了很好的效果，但是对于复杂的查询还有一定的优化空间。在今后的工作中，将尝试使用深度强化学习技术自动检索最优的执行计划。

（2）**非结构化实体融合**。对于非结构化文本，由于数据语义比较复杂、模式杂乱，直接利用相似度规则进行实体融合比较困难。在今后的工作中，将尝试利用深度学习进行端到端的文本信息抽取及实体匹配。

（3）**人工智能与数据库的融合**。对于复杂的数据库系统内核来说，高效性是十分重要的。然而大部分用于处理文本、图片的深度学习算法都十分庞大，而且需要大量的训练资源。在今后的工作中，将重点研究轻量级的学习模型，以及模型和训练数据的管理方法。

参考文献

[1] KONDA P, DAS S, C. P S G, et al. Magellan: Toward building entity matching management systems [J]. PVLDB, 2016, 9 (12): 1197-1208.

[2] JIANG Y, LI G, FENG J, et al. String similarity joins: An experimental evaluation [J]. PVLDB, 2014, 7 (8): 625-636.

[3] GRAVANO L, IPEIROTIS P G, JAGADISH H V, et al. Approximate string joins in a database (almost) for free [C]//VLDB. New York: ACM, 2001: 491-500.

[4] BAYARDO R J, MA Y, SRIKANT R. Scaling up all pairs similarity search [C]//WWW. New York: ACM, 2007: 131-140.

[5] XIAO C, WANG W, LIN X, et al. Efficient similarity joins for near duplicate detection [C]//WWW. New York: ACM, 2008: 131-140.

[6] ARASU A, GANTI V, KAUSHIK R. Efficient exact set-similarity joins [C]//VLDB. New York: ACM, 2006: 918-929.

[7] WANG J, LI G, FENG J. Can we beat the prefix filtering?: an adaptive framework for similarity join and search [C]//SIGMOD. New York: ACM, 2012: 85-96.

[8] XIAO C, WANG W, LIN X, et al. Top-k set similarity joins [C]//ICDE. Los Alamitos: IEEE, 2009: 916-927.

[9] WANG J, LI G, FENG J. Fast-join: An efficient method for fuzzy token matching based string similarity join [C]//ICDE. Los Alamitos: IEEE, 2011: 458-469.

[10] DENG D, LI G, HAO S, et al. Massjoin: A mapreduce-based method for scalable string similarity joins [C]//ICDE. Los Alamitos: IEEE, 2014: 340-351.

[11] VERNICA R, CAREY M J, LI C. Efficient parallel set-similarity joins using mapreduce [C]// SIGMOD. New York: ACM, 2010: 495-506.

[12] SARAWAGI S, KIRPAL A. Efficient set joins on similarity predicates [C]//SIGMOD. New York: ACM, 2004: 743-754.

[13] LI F, OOI B C, ÖZSU M T, et al. Distributed data management using mapreduce [J]. ACM Comput. Surv., 2014, 46 (3): 31: 1-31: 42.

[14] DEAN J, GHEMAWAT S. Mapreduce: Simplified data processing on large clusters [C]//OSDI. Berkeley: USENIX, 2004: 137-150.

[15] LEIS V, GUBICHEV A, MIRCHEV A, et al. How good are query optimizers, really? [J]. PVLDB, 2015, 9 (3): 204-215.

[16] YANG Z, LIANG E, KAMSETTY A, et al. Deep unsupervised cardinality estimation [J]. PVLDB, 2019, 13 (3): 279-292.

[17] KIPF A, KIPF T, RADKE B, et al. Learned cardinalities: Estimating correlated joins with deep learning [C]//CIDR. New York: ACM, 2019.

[18] WANG J, LI G, YU J X, et al. Entity matching: How similar is similar [J]. PVLDB, 2011, 4 (10): 622-633.

[19] MOLL O, ZALEWSKI A, PILLAI S, et al. Exploring big volume sensor data with vroom [J]. PVLDB, 2017, 10 (12): 1973-1976.

[20] DENG D, LI G, FENG J, et al. Top-k string similarity search with edit-distance constraints [C]//ICDE. Los Alamitos: IEEE, 2013: 925-936.

[21] ZHANG Z, HADJIELEFTHERIOU M, OOI B C, et al. Bed-

tree: an all-purpose index structure for string similarity search based on edit distance [C]//SIGMOD. New York: ACM, 2010: 915-926.

[22] LI C, WANG B, YANG X. Vgram: Improving performance of approximate queries on string collections using variable-length grams [C]//VLDB. New York: ACM, 2007: 303-314.

[23] LI C, LU J, LU Y. Efficient merging and filtering algorithms for approximate string searches [C]//ICDE. Los Alamitos: IEEE, 2008: 257-266.

[24] HADJIELEFTHERIOU M, KOUDAS N, SRIVASTAVA D. Incremental maintenance of length normalized indexes for approximate string matching [C]//SIGMOD. New York: ACM, 2009: 429-440.

[25] CHAUDHURI S, GANJAM K, GANTI V, et al. Robust and efficient fuzzy match for online data cleaning [C]//SIGMOD. New York: ACM, 2003: 313-324.

[26] LI G, DENG D, WANG J, et al. Pass-join: A partition-based method for similarity joins [J]. PVLDB, 2011, 5 (3): 253-264.

[27] DENG D, LI G, WEN H, et al. An efficient partition based method for exact set similarity joins [J]. PVLDB, 2015, 9 (4): 360-371.

[28] SATULURI V, PARTHASARATHY S. Bayesian locality sensitive hashing for fast similarity search [J]. PVLDB, 2012, 5 (5): 430-441.

[29] INDYK P, MOTWANI R. Approximate nearest neighbors: Towards removing the curse of dimensionality [C]//STOC. New York: ACM, 1998: 604-613.

[30] ZHAI J, LOU Y, GEHRKE J. ATLAS: a probabilistic algorithm for high dimensional similarity search [C]//SIGMOD. New York: ACM, 2011: 997-1008.

[31] BRODER A Z, CHARIKAR M, FRIEZE A M, et al. Min-wise independent permutations (extended abstract) [C]//STOC. New

York: ACM, 1998: 327-336.
[32] METWALLY A, FALOUTSOS C. V-smart-join: A scalable mapreduce framework for all-pair similarity joins of multisets and vectors [J]. PVLDB, 2012, 5 (8): 704-715.
[33] AFRATI F N, SARMA A D, Menestrina D, et al. Fuzzy joins using mapreduce [C]//ICDE. Los Alamitos: IEEE, 2012: 498-509.
[34] DENG D, JIANG Y, LI G, et al. Scalable column concept determination for web tables using large knowledge bases [J]. PVLDB, 2013, 6 (13): 1606-1617.
[35] KIM Y, SHIM K. Parallel top-k similarity join algorithms using mapreduce [C]//ICDE. Los Alamitos: IEEE, 2012: 510-521.
[36] LEE H, NG R T, SHIM K. Power-law based estimation of set similarity join size [J]. PVLDB, 2009, 2 (1): 658-669.
[37] LEE H, NG R T, SHIM K. Similarity join size estimation using locality sensitive hashing [J]. PVLDB, 2011, 4 (6): 338-349.
[38] KIM T, LI W, BEHM A, et al. Similarity query support in big data management systems [J]. Inf. Syst. , 2020, 88.
[39] SUN J, SHANG Z, LI G, et al. Balance-aware distributed string similarity-based query processing system [J]. PVLDB, 2019, 12 (9): 961-974.
[40] WANG Y, XIAO C, QIN J, et al. Monotonic cardinality estimation of similarity selection: A deep learning approach [C]//SIGMOD. New York: ACM, 2020: 1197-1212.
[41] KINGMA D P, WELLING M. An introduction to variational autoencoders [J]. Foundations and Trends in Machine Learning, 2019, 12 (4): 307-392.
[42] MALIK T, BURNS R C, CHAWLA N V. A black-box approach to query cardinality estimation [C]//CIDR. New York: ACM, 2007: 56-67.
[43] ORTIZ J, BALAZINSKA M, GEHRKE J, et al. Learning state representations for query optimization with deep reinforcement

learning [C]//DEEM. New York: ACM, 2018: 4: 1-4: 4.

[44] HASAN S, THIRUMURUGANATHAN S, AUGUSTINE J, et al. Deep learning models for selectivity estimation of multi-attribute queries [C]//SIGMOD. New York: ACM, 2020: 1035-1050.

[45] SUN J, LI G. An end-to-end learning-based cost estimator [J]. PVLDB, 2019, 13 (3): 307-319.

[46] PARK Y, ZHONG S, MOZAFARI B. Quicksel: Quick selectivity learning with mixture models [C]//SIGMOD. New York: ACM, 2020: 1017-1033.

[47] MATTIG M, FOBER T, BEILSCHMIDT C, et al. Kernel-based cardinality estimation on metric data [C]//EDBT. Konstanz: OpenProceedings. org, 2018: 349-360.

[48] ANAGNOSTOPOULOS C, TRIANTAFILLOU P. Query-driven learning for predictive analytics of data subspace cardinality [J]. TKDD, 2017, 11 (4): 1-46.

[49] ANAGNOSTOPOULOS C, TRIANTAFILLOU P. Learning set cardinality in distance nearest neighbours [C]//ICDM. 2015: 691-696.

[50] GIONIS A, INDYK P, MOTWANI R. Similarity search in high dimensions via hashing [C]//VLDB. New York: ACM, 1999: 518-529.

[51] TAO Y, YI K, SHENG C, et al. Quality and efficiency in high dimensional nearest neighbor search [C]//SIGMOD. New York: ACM, 2009: 563-576.

[52] LV Q, JOSEPHSON W, WANG Z, et al. Multi-probe LSH: efficient indexing for high-dimensional similarity search [C]//VLDB. New York: ACM, 2007: 950-961.

[53] LV Q, JOSEPHSON W, WANG Z, et al. Intelligent probing for locality sensitive hashing: Multiprobe LSH and beyond [J]. PVLDB, 2017, 10 (12): 2021-2024.

[54] GAN J, FENG J, FANG Q, et al. Locality-sensitive hashing

scheme based on dynamic collision counting [C]//SIGMOD. New York: ACM, 2012: 541-552.

[55] ZHENG Y, GUO Q, TUNG A K H, et al. Lazylsh: Approximate nearest neighbor search for multiple distance functions with a single index [C]//SIGMOD. New York: ACM, 2016: 2023-2037.

[56] WANG H, CAO J, SHU L, et al. Locality sensitive hashing revisited: filling the gap between theory and algorithm analysis [C]//CIKM. New York: ACM, 2013: 1969-1978.

[57] JIN X, HAN J. Locality sensitive hashing based clustering[M]// Encyclopedia of Machine Learning and Data Mining. New York: Springer, 2017: 758-759

[58] WEISS Y, TORRALBA A, FERGUS R. Spectral hashing [C]// NIPS. San Mateo: Morgan Kaufmann, 2008: 1753-1760.

[59] HE J, LIU W, CHANG S. Scalable similarity search with optimized kernel hashing [C]//SIGKDD. New York: ACM, 2010: 1129-1138.

[60] WANG J, LIU W, KUMAR S, et al. Learning to hash for indexing big data-A survey [J]. Proceedings of the IEEE, 2016, 104 (1): 34-57.

[61] JÉGOU H, DOUZE M, SCHMID C. Product quantization for nearest neighbor search [J]. TPAMI, 2011, 33 (1): 117-128.

[62] GE T, HE K, KE Q, et al. Optimized product quantization for approximate nearest neighbor search [C]//CVPR. Los Alamitos: IEEE, 2013: 2946-2953.

[63] MAUTZ D, YE W, PLANT C, et al. Discovering non-redundant k-means clusterings in optimal subspaces [C]//SIGKDD. New York: ACM, 2018: 1973-1982.

[64] DING C, HE X. K-means clustering via principal component analysis [C]//ICML. New York: ACM, 2004: 29.

[65] BENGIO Y, COURVILLE A C, VINCENT P. Representation learning: A review and new perspectives [J]. TPAMI, 2013,

35(8): 1798-1828.

[66] DEZA M M, DEZA E. Encyclopedia of distances[M]. New York: Springer Berlin Heidelberg, 2009.

[67] MYTTENAERE A D, GOLDEN B, GRAND B L, et al. Mean absolute percentage error for regression models[J]. Neurocomputing, 2016, 192: 38-48.

[68] MOERKOTTE G, NEUMANN T, STEIDL G. Preventing bad plans by bounding the impact of cardinality estimation errors[J]. PVLDB, 2009, 2(1): 982-993.

[69] NAIR V, HINTON G E. Rectified linear units improve restricted boltzmann machines[C]//ICML. New York: ACM, 2010: 807-814.

[70] ACM: KDD Cup 2000: Online retailer we bsite clickstream analysis[DS/OL]. [2023-01-11]. https://www.kdd.org/kdd-cup/view/kdd-cup-2000.

[71] Stanford: ImageNet[DS/OL]. [2023-01-11]. http://www.image-net.org/.

[72] CAO Z, LONG M, WANG J, et al. Hashnet: Deep learning to hash by continuation[C]//ICCV. Los Alamitos: IEEE, 2017: 5609-5618.

[73] PENNINGTON J, SOCHER R, MANNING C D. Glove: Global Vectors for word Representation[DS/OL]. [2023-01-11]. https://nlp.stanford.edu/projects/glove/.

[74] Tel Aviv University: YouTube Faces DB[DS/OL]. [2023-01-11]. https://www.cs.tau.ac.il/~wolf/ytfaces/.

[75] Aminer: AI帮你理解科学[DS/OL]. [2023-01-11]. https://www.aminer.cn/.

[76] dblp: Welcome to dblp[DS/OL]. [2023-01-11]. https://dblp2.uni-trier.de/.

[77] HAMMING R W. Error detecting and error correcting codes[J]. The Bell System Technical Journal, 1950, 29(2): 147-160.

[78] QIN J, XIAO C. Pigeonring: A principle for faster thresholded

similarity search [J]. PVLDB, 2018, 12 (1): 28-42.

[79] PANAHI F, WU W, DOAN A, et al. Towards interactive debugging of rule-based entity matching [C]//EDBT. Konstanz: OpenProceedings. org, 2017: 354-365.

[80] GOKHALE C, DAS S, DOAN A, et al. Corleone: Hands-off crowdsourcing for entity matching [C]//SIGMOD. New York: ACM, 2014: 601-612.

[81] WANG J, KRASKA T, FRANKLIN M J, et al. Crowder: Crowdsourcing entity resolution [J]. PVLDB, 2012, 5 (11): 1483-1494.

[82] WANG J, LI G, KRASKA T, et al. Leveraging transitive relations for crowdsourced joins [C]// SIGMOD. New York: ACM, 2013: 229-240.

[83] CHAI C, LI G, LI J, et al. Cost-effective crowdsourced entity resolution: A partial-order approach [C]//SIGMOD. New York: ACM, 2016: 969-984.

[84] DAS S, C. P S G, DOAN A, et al. Falcon: Scaling up hands-off crowdsourced entity matching to build cloud services [C]//SIGMOD. New York: ACM, 2017: 1431-1446.

[85] HE Y, CHAKRABARTI K, CHENG T, et al. Automatic discovery of attribute synonyms using query logs and table corpora [C]//WWW. New York: ACM, 2016: 1429-1439.

[86] WANG Y, HE Y. Synthesizing mapping relationships using table corpus [C]//SIGMOD. New York: ACM, 2017: 1117-1132.

[87] MORCOS J, ABEDJAN Z, ILYAS I F, et al. Dataxformer: An interactive data transformation tool [C]// SIGMOD. New York: ACM, 2015: 883-888.

[88] SINGH R. Blinkfill: Semi-supervised programming by example for syntactic string transformations [J]. PVLDB, 2016, 9 (10): 816-827.

[89] ABEDJAN Z, MORCOS J, ILYAS I F, et al. Dataxformer: A

robust transformation discovery system [C]//ICDE. Los Alamitos: IEEE, 2016: 1134-1145.

[90] JIN Z, ANDERSON M R, CAFARELLA M, et al. Foofah: A programming-by-example system for synthesizing data transformation programs [C]//SIGMOD. New York: ACM, 2017: 1607-1610.

[91] ZHU E, HE Y, CHAUDHURI S. Auto-join: Joining tables by leveraging transformations [J]. PVLDB, 2017, 10 (10): 1034-1045.

[92] LIU X, DONG X L, OOI B C, et al. Online data fusion [J]. PVLDB, 2011, 4 (11): 932-943.

[93] ZHENG Y, LI G, LI Y, et al. Truth inference in crowdsourcing: Is the problem solved? [J]. PVLDB, 2017, 10 (5): 541-552.

[94] DONG X L, BERTI-EQUILLE L, SRIVASTAVA D. Truth discovery and copying detection in a dynamic world [J]. PVLDB, 2009, 2 (1): 562-573.

[95] LI Q, LI Y, GAO J, et al. Resolving conflicts in heterogeneous data by truth discovery and source reliability estimation [C]// SIGMOD. New York: ACM, 2014: 1187-1198.

[96] LI Q, LI Y, GAO J, et al. A confidence-aware approach for truth discovery on long-tail data [J]. PVLDB, 2014, 8 (4): 425-436.

[97] GAO J, LI Q, ZHAO B, et al. Truth discovery and crowdsourcing aggregation: A unified perspective [J]. PVLDB, 2015, 8 (12): 2048-2049.

[98] DONG X L, NAUMANN F. Data fusion: resolving data conflicts for integration [J]. PVLDB, 2009, 2 (2): 1654-1655.

[99] DOAN A, ARDALAN A, BALLARD J R, et al. Human-in-the-loop challenges for entity matching: A midterm report [C]// HILDA. New York: ACM, 2017 (12): 1-6.

[100] DENG D, TAO W, ABEDJAN Z, et al. Entity consolidation: The golden record problem [J]. CoRR, 2017, abs/1709.10436.

[101] DONG X L, SAHA B, SRIVASTAVA D. Less is more: Selec-

ting sources wisely for integration [J]. PVLDB, 2012, 6 (2): 37-48.

[102] YIN X, HAN J, PHILIP S Y. Truth discovery with multiple conflicting information providers on the web [J]. TKDE, 2008, 20 (6): 796-808.

[103] BENJELLOUN O, GARCIA-MOLINA H, MENESTRINA D, et al. Swoosh: a generic approach to entity resolution [J]. VLDB J., 2009, 18 (1): 255-276.

[104] REKATSINAS T, JOGLEKAR M, GARCIA-MOLINA H, et al. Slimfast: Guaranteed results for data fusion and source reliability [C]//SIGMOD. New York: ACM, 2017: 1399-1414.

致谢

  衷心感谢导师李国良教授五年来的关怀和指导。李老师为人宽厚，学术能力超卓，长期奋战在科研一线。李老师的科研指导伴随了我整个博士学习生涯，李老师严格的要求让我始终将注意力放在最前沿的学术问题上，力争做出一流的学术成果。这五年来，我在学术上的每一步前行，都饱含李老师的辛劳和汗水，李老师刻苦的精神和包容的品格将长久地影响着我未来的人生。

  感谢数据库组冯建华教授的悉心指导。冯老师宽厚的为人，超卓的学术能力深刻影响着我的学习以及科研工作。

  感谢卡塔尔 QCRI 汤楠研究员、澳大利亚 RMIT 鲍芝峰副教授和美国 Rutgers 大学邓栋老师对我的指导与帮助。这些数据库领域著名学者严谨的治学作风和实事求是的研究态度给我留下了很深的印象，使我受益匪浅。

  感谢数据库组所有的同学，他们在我博士求学期间给予了真诚的帮助，让我度过了充实而美好的五年时光。感谢我

致 谢

的家人和朋友一如既往的支持和关爱，你们是我心灵的港湾以及不断前行的动力。

感谢审阅过程中的每一位专家和学者，感谢您所给予我的建议和指导！

在学期间完成的相关学术成果

学术论文：

[1] SUN J, SHANG Z Y, LI G L, et al. Dima: a distributed in-memory similarity-based query processing system [J]. VLDB, 2017, 10 (12): 1925-1928.

[2] SUN J, SHANG Z Y, LI G L, et al. Balance-aware distributed string similarity-based query processing system [J]. VLDB, 2019, 12 (9): 961-974.

[3] SUN J, LI G L. An end-to-end learning-based cost estimator [J]. VLDB, 2019, 13 (3): 307-319.

[4] SUN J, LI G L, TANG N. Learned Cardinality Estimation for Similarity Queries [C]// SIGMOD: Proceedings of the 2021 international Conference on Management of Data. New York: ACM, 2021: 1745-1757.

[5] SUN J, ZHANG J T, SUN Z Y, et al. Learned cardinality estimation: a design space exploration and a comparative evaluation [J]. VLDB, 2022, 15 (1): 85-97.

[6] 孙佶, 李国良. 人在回路的数据融合系统 [J]. 计算机学报, 2022, 45 (3): 654-668.

[7] ZHOU X H, SUN J, LI G L, et al. Query performance prediction for concurrent queries using graph embedding [J]. VLDB, 2020, 13 (9): 1416-1428.

[8] ZHOU X H, CHAI C L, LI G L, SUN J. Database meets artificial intelligence: a survey [J]. TKDE, 2022, 34 (3): 1096-1116.

[9] YUAN H T, LI G L, FENG L, SUN J, et al. Automatic view generation with deep learning and reinforcement learning [C]// ICDE: 2020 IEEE 36th International Conference on Data Engineering. IEEE, 2020, 1501-1512.

[10] 李国良, 周煊赫, 孙佶, 等. 基于机器学习的数据库技术综述 [J]. 计算机学报, 2020, 43 (11): 2019-2049.

[11] HAN Y, LI G L, YUAN H T, SUN J. An autonomous materialized view management system with deep reinforcement learning [C]// ICDE: 2021 IEEE 37th International Conference on Data Engineering. IEEE, 2021, 2159-2164.

[12] ZHOU X H, JIN L Y, SUN J, et al. DBMind: a self-driving platform in openGauss [J]. VLDB, 2021, 14 (12): 2743-2746.

[13] LI G L, ZHOU X H, SUN J, et al. openGauss: an autonomous database system [J]. VLDB, 2021, 14 (12): 3028-3042.

[14] 余翔, 柴成亮, 张辛宁, 汤南, 孙佶, 李国良. AlphaQO: 鲁棒的学习型查询优化器 [J]. 软件学报, 2022, 33 (3): 814-831.

丛书跋

2006年，中国计算机学会（简称CCF）创立了CCF优秀博士学位论文奖（简称CCF优博奖），授予在计算机科学与技术及其相关领域的基础理论或应用基础研究方面有重要突破，或在关键技术和应用技术方面有重要创新的中国计算机领域博士学位论文的作者。微软亚洲研究院自CCF优博奖创立之初就大力支持此项活动，至今已有十余年。双方始终维持着良好的合作关系，共同增强CCF优博奖的影响力。自创立始，CCF优博奖激励了一批又一批优秀年轻学者成长，帮他们赢得了同行认可，也为他们提供了发展支持。

为了更好地展示我国计算机学科博士生教育取得的成效，推广博士生科研成果，加强高端学术交流，CCF委托机械工业出版社有限公司以"CCF优博丛书"的形式，全文出版荣获CCF优博奖的博士学位论文。微软亚洲研究院再一次给予了大力支持，在此我谨代表CCF对微软亚洲研究院表示由衷的感谢。希望在双方的共同努力下,"CCF 优博丛书"可以激励更多的年轻学者做出优秀成果,推动我国计算机领域的科技进步。

唐卫清
中国计算机学会秘书长
2022 年 9 月